U0797952

经济法思维的实践运用

甘强 著

西南政法大学

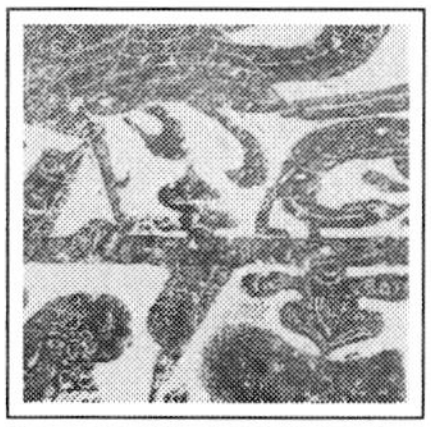

经济法学文库

18

法律出版社
LAW PRESS·CHINA

总　序

西南政法大学经济法学科始创于20世纪80年代初，是全国率先设置的几个经济法专业之一。本学科于1996年取得博士学位授予权，2000年开始向国外和我国港澳台地区招收博士研究生，2002年和2007年被教育部评定为国家级高等学校重点学科。经过多年的积累和传承，本学科在经济法理论和实务研究方面取得了较为丰硕的成果，并在经济法基础理论、农村经济法制等领域形成了自己的研究特色和研究优势，在法学界享有一定的声誉。

根深方能叶茂。本学科在李昌麒教授、种明钊教授等前辈的精心策划、直接组织或推动下，在全国同行的热忱关心和大力支持下，在学科全体教师的共同努力下，已成功推出“经济法博士精品文库”（法律出版社出版）、“西南政法大学经济法学系列”（厦门大学出版社出版）和“经济法论坛”（群众出版社出版）等多个系列出版物，建立了“李昌麒经济法网”、“中国农村经济法制创新研究中心网”和“西南政法大学经济法研究中心网”等多个学术网站。这些系列出版物和学术网站，对夯实本学科的建设平台、繁荣经济法学术研究，产生了并将继续产生极大助益。为进一步拓展本学科的建设平台，推动经济法学研究，我们决定出版“西南政法大学经济法学文库”。与本学科现有的几个系列出版物的侧重点不同，本文库主要为本学科的教师尤其是中青年教师提供一个发表优秀作品的途径，展示本学科教师对经济法学理论和实务问题的新思考和新探索。

当下，经过经济法学界同人的不懈探索，有关经济法的共识增多了，经济法的“合法性”也不再是一个问题。但是，作为一门新兴的法学学科，经济法学的研究在理论上尚需进一步推进，在实证上有待进一步加强。可以说，未来经济法研究，既需要“多谈些主义”，也需要“多谈些问题”；既需要“大胆假设”，也需要“小心求证”；既需要加强“本土性研究”，也需要开拓“国际性视野”；既需要“前瞻性分析”，也需要“回应性探索”。当您推开本文库这扇经济法学研究之门后，您或许看不到惊世骇俗的思想，但我们相信并期待着，您将在本文库中感悟到经济法学的堂奥，见证本学科教师对经济法学脚踏实地、孜孜以求的精神。

些许微衷，尚请贤明察之。

2011 年 5 月

序　一

甘强的硕士和博士学习阶段都是由我直接指导的,我深知他具有较扎实的理论功底和突出的创新能力,已经在经济法学的理论研究领域取得了较显著的成绩。按照学无止境的想法,当他提出要去中国法学研究的“重镇”——吉林大学法学院跟随冯彦君教授作博士后研究时,我是极力支持的,并希望他能以此为新契机,对经济法的一些重大理论问题开展继续研究。本书正是在其博士后出站报告——《经济法思维的实践运用》的基础上修改完善而成的。

经济法作为一门现代法,在经济法学术共同体的努力下,已经取得了长足的进展,但与其他部门法相比还显得十分年轻,许多重大的理论问题仍然需要深入研究,而经济法思维无疑是一个重要的切入点。在我看来,对它的研究一方面可以帮助我们更深层次地认知经济法的本质、价值和功能,另一方面又能更快、更好地促进经济法实施机制的建立和完善,从而推动经济法治在新的历史条件下求得更好的发展。现在,我们已经看到各部门法都开始重视法律思维的研究。例如,民法学者尹田教授2014年出版的《民法思维之展开——尹田民法学演讲集》(修订版)就展示了作者对民法思维方式及其运用的研究。另外,杨立新教授在2017年出版的学术文集《民法思维与司法对策》(上下)也凸显了其对民法思维的重视。近年来商法学者也很重视商法思维的研究,2013年商法学会的年会中心学术议题就是"法治国家建设中的商法思维与商法实践",包括范健教授在内的众多重要的商法学者都参与了讨论。让我最感欣慰的是,经济法学界也开始重视对经济法思维的研究,比如2017年张守文教授在其主编的《经济法研究》(第19卷)中发表了卷首语《经济法研究中的经济法思维》,他重点强调了在经济法研究中应重视经济法思维的运用,并明确指出随着经济法研究的日益深化,经济法思维研究的重要性已逐步显现。由此看来,甘强博士将经济法思维作为其博士后出站报告的选题具有重要的理论意义和实践价值,该选题顺应了时代变迁的发展潮流。

对于经济法的研究,我一直倡导要有一种"传承、反思和发展"的研究理念,坚持运用多学科知识的研究方法,注重探索解决"中国问题"的路径。就本书而言,作者的研究在上述三个方面都有很好的体现。首先,作者对经济法思维的界定,是在尊重传统法理学的法律思维这一上位概念的基础上展开的,但同时又基于经济法的自身发展逻辑赋予经济法思维新的意义。对于什么是经济法思维,作者将其定义为主体带着"经济法的思考"去解决生活世界中问题的一种方法。这一界定突破了法律思维只是一种在司法领域的运用方法的认识,而将其拓展至"生活世界中问题的解决",此观点具有突出的创新性。其次,作者运用了经济学、社会学、政策学等相关学科知识,对经济法的国家干预思维、社会实施思维、经济政策思维、经济解释思维和规制规则思维等方法进行了深入研究,从而较全面地揭示了经济法思维的内涵。最后，作者遵循立法、执法和司法这一法律运作逻辑，对经济法思维在我国的实践运用进行了系统性实证考察，并选取了网络团购这一新经济形态作为特例，展开了经济法思维的运行研讨，从而客观地证成了经济法思维的实践功能。综上所述，本书对于经济法思维是什么，它在实践中是如何运用的，它的限度在哪里，进行了较全面和系统的研究。本书既有理论阐释，又有实证分析，是一部较为优秀的经济法学理论著作，对于它的出版，我感到十分欣慰。

经济法学的发展任重而道远，而经济法学理论的研究则一直是重点和难点。我退休多年，已无力对经济法思维的相关理论问题进行深入思考，但对经济法理论的自觉和自信仍然驱使我寄希望于后辈经济法学仁能够在推动中国经济法学的繁荣、创新和发展上有所担当。正是基于此，我义不容辞地接受《现代法学》的委托在 2013 年第 4 期上创立了“中国经济法的发展进路”专栏，5 位学者按专题探讨了经济法理论发展问题，目的在于总结过去、展望未来、明确方向，使经济法的研究更好地服务于中国经济体制改革目标的实现。2019 年，在中华人民共和国成立 70 周年之际，我再一次接受《现代法学》的委托，在 2019 年第 1 期上组织了由 5 位学者参加的“改革开放 40 年中国经济法学研究的回顾与展望”笔谈，从四个维度对经济法理论进行了研究：一是对中国经济法理论发展进行总结；二是对经济法的体系结构进行了重构；三是对经济法理论与其他部门法理论的互动进行了研讨；四是从风险社会和信息社会的挑战两个角度对经济法理论适应性进行了审视。在我看来，上述论述都在不同程度上蕴含了对经济法思维的思考，但是，现有的研究成果还不能适应经济法理论发展的需要。可喜的是，作者甘强博士在经济法思维方面作了更深入和系统的研究，有利于推动和深化学界对经济法思维的理解，本书的意义也正在于此。

末了，我想以本书的出版为契机，寄希望于经济法学的老中青同仁们，希望大家能仰望星空，脚踏实地，在对法律品性的坚守中，凝心聚力，将集体智慧、集体能量、集体胆略融为一体，创造出更多、更好的经济法学研究成果。

故为序。

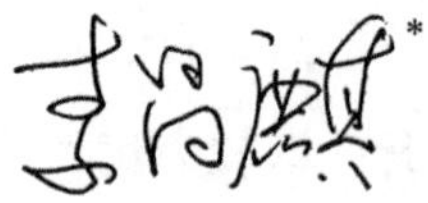*

2020 年 3 月 21 日于重庆

* 西南政法大学教授、博士研究生导师，全国杰出资深法学家。

序　二

甘强老师在博士后研究期间，发表了数篇阶段性成果论文，有的还被中国人民大学复印报刊资料《经济法学、劳动法学》全文转载。在站研究期间，我曾邀请他参加吉林大学法学院主办的“依法治国与经济法治新思维”全国高峰论坛，并安排他就阶段性研究成果作大会发言，受到与会专家、学者的肯定和好评。此外，我还曾邀请他做客“吉大新锐茶座”，就阶段性成果“经济法思维的构造”进行了学术讲座。在出站报告会上，甘强老师的出站报告《经济法思维的实践运用》获一致好评，被推荐为优秀出站报告。本书就是甘强老师在其博士后出站报告的基础上修改完成的学术专著，作为其博士后合作导师，我欣然为之作序。

甘强老师毕业于西南政法大学，师从我国经济法学奠基人和开创者之一的李昌麒教授。甘强老师一直致力于经济法学基本理论研究，具有较为深厚的法学理论功底和较强的学术创新能力，在经济法基础理论研究领域有一定的学术影响力。他初来吉林大学法学院作博士后研究时,最初的计划也是开展经济法基础理论方面的研究。对此我深表赞同,因为经济法基础理论研究一直以来都是学科难点和薄弱之处,尚需学界对此付出持之以恒的共同努力。同时我也强调,目前经济法学理论研究可能存在"重理论、轻实践"的问题,需要强化"落地",应该对某些重大的经济法基础理论问题进行实证性研究,以增强其说服力,实现"有理"和"有用"的兼顾。为此,我们几经斟酌,最后将其博士后出站报告的选题确定为《经济法思维的实践运用》。之所以选择这个题目,从理论上讲,是因为经济法作为现代法,在许多方面呈现出不同于传统法的面向,如何认识这种差异性,还需要深入探究,而从法律思维的角度切入,就不失为一条重要的路径。因为经济法思维有其独特性,对其展开研究可以进一步深化经济法本体理论,进而深化和拓展经济法理论体系。从实践来看,在我国司法实践中常会出现案件事实相同却因经济法思维认知差异而裁判结果迥异的现象。实践中应当如何运用经济法思维呢?这是一个颇具实践价值的研究课题。因此,这一选题既具有理论深度,同时又强调实证分析,有效贯通"形上"和"形下",在挖掘、证成经济法的"法理"(有理性)和指导、规范经济法的运用(有用性)方面彰显理论意义和实践价值。

就本书内容而言,作者认为经济法思维可以从多维度认知,其构造包括纵向结构和横向结构。就纵向结构而言,是指主体融会经济法思维方式和方法解决现实生活中具体问题的过程,同时也是对经济法本身再认识和再把握的过程,其内在结构包括经济法思维方式和经济法思维方法。前者主要表现为整体观、差异化和开放性;后者则是行为主体在解决问题时所运用的法内和法外技术工具。就横向结构而言,经济法思维是由其所依赖的社会结构决定的,主要表现为国家干预和社会实施。其内在逻辑是,市场自治是基础,但市场自治会失灵,因此需要国家干预;但国家干预也会失灵,而社会实施可以对其进行补充。如果进行综合考量,经济法思维可以表述为:主体带着“经济法的思考”去解决现实问题时的方法,包括国家干预思维、社会实施思维、经济政策思维、经济解释思维和规制规则思维。本书在分析经济法思维的实践运用时,遵循立法、执法和司法这一法律运作逻辑,分别进行了国家干预思维的文本考察、社会实施思维的运行分析、经济政策思维的应用解析、经济解释思维的案例剖析,并选取了网络团购这一新经济形态作为特例,展开了规制规则思维的个案研讨。最后,还对经济法思维应有的限度进行了厘定,从而完成了对经济法思维本体、实践运用路径与技术、合理限度之界定的较为全面的阐释和论证。

在我看来,本书的创新性突出表现在三个方面:首先,就经济法思维的内涵而言,学界鲜有论述。本书承继了法理学对法律思维的一般性界定,但又不囿于传统法律思维将其局限在司法领域,而是根据经济法的现代性特征,将其扩展至“生活世界中法律问题的解决”,从而赋予了“经济法思维”这一概念以新的“意义”,使其具有更宽广的适用空间。其次,本书首次系统地对经济法思维在经济法的立法、执法和司法的运用中进行了实证考察,一方面论证了经济法思维的客观存在,另一方面则探讨了经济法思维运用的技术与模式,从而较全面客观地论述了经济法思维的实践功能。最后,本书对于经济法思维的限度进行了揭示和厘定,这恰是已有研究常常忽略的问题。本书对于经济法每一种思维方法的自身局限性以及运用这些思维方法所必须遵循的基本要求都进行了充分说明,这有助于更加理性地认知经济法思维,指导和助推经济法思维在实践中被科学而充分地运用。

当然本书还有完善和提升的空间,特别是应该进一步阐明经济法思维与民法思维、商法思维的区别、联系以及如何协调不同法律部门的思维冲突等问题。但瑕不掩瑜,总体而言,本书是一本既有理论深度又有实证分析的经济法理论研究的优秀作品。我作为作者博士后合作导师,对本书的出版表示衷心的祝贺，同时也希望能有更多关于经济法思维的著述问世，以期繁荣和深化这一重要课题的研究。

是为序。

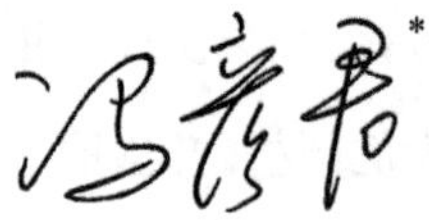*

2020 年 3 月 25 日于长春

---

* 吉林大学法学院教授、博士研究生导师，中国社会法学研究会副会长。

目　录

引 言

一、研究缘起

经济法的产生和发展，是世界法制史上最引人注目的事件之一，也是20世纪人类文明发展的重要成果。① 但经济法作为现代法，的确在许多地方都不同于传统法，这也让许多人不理解。笔者一直在思考，为什么会出现这样的情况呢？答案可能是因为经济法具有较为独特的思维方法。我们可以先从一个小案例引入为什么要研究经济法思维。

我们来看"脑白金里有金砖"的案例。脑白金是珠海康奇有限公司生产的保健品，脑白金包装物右下角图案中标注"脑白金里有金砖"，图案还特别标明"上海老凤祥特别打造的99.99%金砖"和"价值5000元"等文字。该商品"脑白金里有金砖"的广告

① 参见张守文：《中国经济法学的回顾与前瞻》，载杨紫煊主编：《经济法研究》（第1卷），北京大学出版社2000年版，第192页。

宣传引起了很多消费者的注意，2007年，全国已有近500位消费者在购买脑白金这一商品后纷纷将生产厂家和当地销售商告上法庭，以欺诈和广告虚假宣传为由，向其索要金砖或要求双倍赔偿。[①] 本案的审理在我国的司法实践中出现了两种完全不同的结果：一是原告胜诉。例如，深圳市福田区人民法院就作出原告消费者胜诉的判决，判决认定脑白金有欺诈行为，需双倍赔偿消费者损失。[②] 二是原告败诉。大多数法院的判决理由是"脑白金里有金砖"应认定为一则广告语，按照普通消费者的认知水平和识别能力，尚不足以仅因此广告语就认为购产品必得金砖，因此欺诈不成立。[③] 由此可见，前者是将消费者视为交易的个人，进而判定其受到欺诈；而后者则将消费者视为一个特定群体，进而不认定为欺诈。本案的启示是，同样的事实，采用不同的思维方法，会有不同的结果，因此可能存在一种不同于传统私法思维方法的经济法思维。

当然，除了在司法领域可能存在不同的思维方法，在立法领域，经济法也呈现出不同的特点。例如，在《消费者权益保护法》中，不是依据传统的权

---

① 参见范静：《消费者状告脑白金 所购脑白金盒内没有金砖》，载北京法院网：http://bjgy.chinacourt.gov.cn/article/detail/2007/08/id/856133.shtml，最后访问日期：2019年6月18日。依据当时《消费者权益保护法》第49条的规定，即"经营者提供商品或者服务有欺诈行为的，应当按照消费者的要求增加赔偿其受到的损失，增加赔偿的金额为消费者购买商品的价款或者接受服务的费用的一倍"。2013年《消费者权益保护法》修改后改为"经营者提供商品或者服务有欺诈行为的，应当按照消费者的要求增加赔偿其受到的损失，增加赔偿的金额为消费者购买商品的价款或者接受服务的费用的三倍；增加赔偿的金额不足五百元的，为五百元"。

② 在(2007)深福法民一初字第1784号案件中，法官认为原告作为普通消费者，凭借该项文字的表述内容，足以产生凭借购买脑白金这一商品的行为而获得价值5000元金砖的这一内心确认，但没有证据显示本案存在原告从被告所销售的脑白金商品中可以获取金砖的可能性，被告在没有金砖获取的可能性的情形下，任其销售的商品标有"脑白金里有金砖，价值5000元"的字样，故意告知上述虚假信息，致使原告做出了购买脑白金的错误意思表示，被告的行为应认定为欺诈，原告购买商品的价值为277.6元，其据此要求被告予以双倍赔偿555.2元，符合法律规定，本院予以支持。

③ 例如，在(2007)二七民一初字第1967号二审及(2007)郑民二终字第1483号中，法官认为消费者作为买受人，不可能以等值的价款在购得商品的同时，再获得极不等值的金砖，故"脑白金里有金砖"这句广告语，应理解为是一种有奖销售活动，只有获奖者才能得到金砖。

利——义务对等模式来调整社会生活，而是只赋予消费者权利却不规定其义务，以及只设置经营者义务而不赋予其权利，这可能是通过国家干预来达到差异化保护的目的。而在执法领域，经济法可能比较重视社会团体克服市场失灵和干预失灵的功能。以上现象都可能与经济法思维有关，这促使笔者产生了专门研究经济法思维的想法。

二、研究现状

总体而言，经济法学界对经济法思维的研究较少，如果我们在中国知网里用"经济法思维"作篇名关键词搜索，截至2019年5月20日，仅有10篇文章；①而且，其中有1篇虽然在标题里有"经济法思维"，但只是在讨论经济法学的发展方向，与我们所讨论的主题没有关系。② 有1篇文章主要讨论供给侧结构性改革对经济法的影响，其内容甚至根本没有涉及经济法思维。③ 还有1篇则是作者本人的阶段性成果。④ 而相关的硕博士学位论文也只有1

① 参见吴越：《经济法思维的宪法指向——兼论经济法学的历史命运》，载《法学论坛》2013年第3期；颜运秋：《经济诉讼理论的经济法思维》，载《山东警察学院学报》2006年第4期；吴凤君：《论商法思维——与经济法思维的比较》，载王保树主编：《中国商法年刊》，法律出版社2013年版；李胜蓝：《解决"三农"问题的经济法思维——以完善农村公共产品供给机制为例》，载《兰州学刊》2006年第3期；金励：《论户籍制度改革中的经济法思维——以重庆市的户籍制度改革为视角》，载李昌麒、岳彩申主编：《经济法论坛》（第10卷），群众出版社2013年版；李晓郛：《司法审判呼唤经济法思维》，载《中国社会科学报》2015年12月2日，第5版；张守文：《卷首语：经济法研究中的经济法思维》，载张守文主编：《经济法研究》（第19卷），北京大学出版社2017年版；甘强：《经济法思维的构造》，载张守文主编：《经济法研究》（第19卷），北京大学出版社2017年版；范水兰：《论经济法教学中经济法思维的培养》，载王瀚主编：《法学教育研究》（第21卷），法律出版社2018年版；石瑜娇：《供给侧结构性改革蕴含的经济法思维探析》，载《信阳农林学院学报》2018年第3期。

② 参见吴越：《经济法思维的宪法指向——兼论经济法学的历史命运》，载《法学论坛》2013年第3期。

③ 参见石瑜娇：《供给侧结构性改革蕴含的经济法思维探析》，载《信阳农林学院学报》2018年第3期。

④ 参见甘强：《经济法思维的构造》，载张守文主编：《经济法研究》（第19卷），北京大学出版社2017年版。

篇，即徐子良所著的《经济法司法实施之应用研究——以"民商事"审判中经济法思维引入为视角》，[①]而后此论文被改写为专著《"民商事"审判中经济法思维之应用》，[②]这也是目前研究经济法思维的唯一一本专著。

从研究内容来看，就经济法思维是什么这一核心问题而言，徐子良在《"民商事"审判中经济法思维之应用》中认为：经济法思维是法官在经济法理念的指导下，寻找或选择能得出最符合经济法理念结论的法律适用方法，这就是经济法思维的过程。[③] 范水兰则在《论经济法教学中经济法思维的培养》中指出："经济法思维可以界定为按照经济法的规范、原则和精神观察、分析和解决经济问题的思维方式。"[④]而其他的研究，都没有对其有明确的界定。具体而言，有的注重与其他部门法思维的区别，例如，有学者认为商法思维强化"个体本位"，而经济法思维强调"社会本位"。[⑤] 有的强调在司法裁判领域应当引入维护社会公共利益理念的经济法思维，[⑥]并构建公益诉讼制度。[⑦] 有的强调经济法追求的实质正义和倾斜保护理念应当在户籍改革中体现。[⑧] 还有的强调经济法的社会本位理念对解决三农问题的作用。[⑨]

从研究深度来讲，徐子良和范水兰对经济法思维有明确界定，相对而言

---

① 参见徐子良：《经济法司法实施之应用研究——以"民商事"审判中经济法思维引入为视角》，华东政法大学2010年博士学位论文。

② 参见徐子良：《"民商事"审判中经济法思维之应用》，法律出版社2012年版。

③ 同上书，第42页。

④ 参见范水兰：《论经济法教学中经济法思维的培养》，载王瀚主编：《法学教育研究》（第21卷），法律出版社2018年版，第145页。

⑤ 参见吴凤君：《论商法思维——与经济法思维的比较》，载王保树主编：《中国商法年刊》，法律出版社2013年版，第152～153页。

⑥ 参见李晓郛：《司法审判呼唤经济法思维》，载《中国社会科学报》2015年12月2日，第5版。

⑦ 参见颜运秋：《经济诉讼理论的经济法思维》，载《山东警察学院学报》2006年第4期。

⑧ 参见金励：《论户籍制度改革中的经济法思维——以重庆市的户籍制度改革为视角》，载李昌麒、岳彩申主编：《经济法论坛》（第10卷），群众出版社2013年版，第395～400页。

⑨ 参见李胜蓝：《解决"三农"问题的经济法思维——以完善农村公共产品供给机制为例》，载《兰州学刊》2006年第3期。

具有一定的理论深度。但徐子良的观点将思维主体限定为法官,并将适用领域限定为司法领域,这无疑大大减少了经济法思维这一范畴的功用,显得较狭窄。进言之,虽然徐子良对经济法思维在民商事审判中的应用进行了较深入的分析,具有重要意义,但毕竟适用的领域仅为司法领域,所以视野仍有待扩展。范水兰则认为经济法思维基本内核的提炼,既要遵循法律的一般逻辑,又要突出经济法的本质属性和价值,因而认为经济法的思维主要包括经济法合法性思维、经济法权利义务思维、经济法实质公平思维、经济法社会整体利益思维、经济法国家干预思维、经济法政策思维。① 这样的认识进路无疑是值得肯定的,其归纳的经济法思维方式也体现了经济法的一些特质,但经济法合法性思维可能就没有特性。同时,由于该文是一篇教学论文,②因此并没有深入地探讨,所以理论深度仍有待加强。而其他学者的研究,主要还是从经济法的社会本位、实质正义、倾斜保护等理念的角度来探讨其与其他部门法思维的区别以及在各具体问题中的应用,并没有突破经济法价值层面的研究。此外,由于研究的数量较少,也缺少对经济法思维系统性的研究。

当然,必须肯定的是,上述研究已经开启了经济法思维研究的大门,对后续研究具有一定的启发意义。而且,学界也越来越重视对经济法思维的研究。例如,张守文教授就在其主编的《经济法研究》中专门撰文倡导在经济法研究中运用经济法思维。他指出:"是否存在经济法思维?如果存在,则经济法思维的内涵和外延、类型和结构如何?另外,经济法思维在经济法研究中应当如何运用或体现?对于上述问题,经济法学界还缺少系统研讨,但随

---

① 参见范水兰:《论经济法教学中经济法思维的培养》,载王瀚主编:《法学教育研究》(第21卷),法律出版社2018年版,第145~148页。

② 需要说明的是,经济法思维在教学中的运用其实也是非常重要的,作者所在的西南政法大学就在经济法本科教学中比较重视对经济法思维的培养。例如,作为国家级精品课程的"经济法学",单列了《经济法的思维方式和运用技术》一章,这在全国是独有的;2019年4月上线的中国大学MOOC(慕课)"经济法学",也单列了一讲《经济法的思维》;此外,在"经济法学"教学大纲中,还特别强调要通过学习,"最终让学生形成经济法独特的思维方式"。

着经济法研究的日益深化,此类研究的重要性已逐步显现。"①同时,他还强调了研究经济法思维对于深化经济法理论的重要性。他指出:"对于经济法思维的深入研究,需要大量学者的共同努力。相信随着有关经济法思维研究的深入,以及人们的自觉运用,经济法的理论研究亦将不断走向深入。"②

三、本书结构

本书的逻辑是,经济法思维是什么,它在实践中是怎么运用的,它的限度在哪里。遵循这样的逻辑,除引言和结语外,全书分成七章。

第一章是对经济法思维构造的基本认知。通过分析其横向结构和纵向结构,并在综合考量的基础上,归纳出经济法思维的含义。即主体带着"经济法的思考"去解决生活世界中问题时的方法,主要包括国家干预思维、社会实施思维、经济政策思维、经济解释思维和规制规则思维。第二章是对国家干预思维的文本考察。通过对立法领域的法律规则的实证考察,观察经济法思维的实际运用。第三章是对社会实施思维的运行分析。通过分析社会实施的源流、特征、模式,在此基础上探讨经济法思维的运行,并以重庆市工商业联合会促进中小企业融资为例,深入分析了社会实施思维的实践运用。第四章是对经济政策的运用解析。按照经济政策思维的内在逻辑,即经济政策先行、经济政策入法和经济政策实施,对银行法领域的政策运用进行了实证分析。第五章是对经济解释思维的案例剖析。通过选取消费者权益保护法领域、反不正当竞争法领域、反垄断法领域的典型案例,深入揭示在司法领域中经济解释思维的应用。第六章是对规制规则思维的个案研讨。规制规则是

① 张守文:《卷首语:经济法研究中的经济法思维》,载张守文主编:《经济法研究》(第19卷),北京大学出版社2017年版,第1页。

② 同上书,第3页。

与责任规则相对的一种法律治理思维方法,后者强调损害发生后责任的承担,而前者强调通过规则来预防损害的发生,不以损害发生为前设,通过对网络团购这一新经济形态法律治理的选择分析,论证了规制规则思维的有效性。第七章是对经济法思维的限度进行研讨。分别对国家干预思维、社会实施思维、经济政策思维、经济解释思维以及规制规则思维的限度进行了探析,从而有利于理性认识经济法思维的功能。

上述各章的内在理路是,第一章回答经济法思维是什么;第二章到第六章是对经济法思维在实践中具体运用的分析,依据法的运作逻辑,分别对立法领域(第二章)、执法领域(第三章和第四章)、司法领域(第五章),以及网络团购这一特殊新经济形态的经济法思维运用(第六章)进行考察;第七章则是对经济法思维限度的研究。

四、研究方法

由于本书研究的是经济法思维的实践运用,所以最重要的研究方法是实证分析法。除此之外,由于经济法思维自身的开放性,决定了多学科研究法的必要性。最后,比较法也是本书的主要研究方法之一。下面分别予以简要说明:

第一,实证分析法。本书的标题就决定了实证分析法的重要性。在本书中,实证分析主要表现为五个方面:一是对法律文本进行实证分析,通过量化的考察来观察经济法思维在立法中的体现;二是采取社会调查的方式,对重庆市工商业联合会促进中小企业融资进行实证考察,以分析经济法思维的具体实施;三是对银行法领域的经济政策应用进行数据分析,客观地总结经济政策思维对于调控经济生活的重要性;四是对典型的经济法案例进行案例剖析,以探讨经济法思维的司法应用;五是选取“网络团购”这一特殊新经济形态进行个案分析,来揭示经济法思维的运用。

第二,多学科研究法。本书尝试采用多学科的方法进行研究,具体包括:其一,经济学的方法。主要采用经济学的外部性理论、信息失灵理论、成本效益等理论来解读经济解释思维和规制规则思维。其二,社会学的方法。主要采用了社会结构变迁、社会分工等理论来进行研究;社会学的研究方法对于认识经济法思维的内在结构有积极的意义。其三,政策学的方法。经济法与经济政策关系密切,本书主要运用公共政策的理论来对经济政策思维进行说明。

第三,比较法。比较法也是本书一个非常重要的研究方法。由于经济法思维与传统私法的思维不同,所以,在研究中通过比较无疑能让我们更深刻地认知经济法思维。本书在研究经济解释思维时,就主要采用了与传统的形式逻辑推理相比较的方式展开;此外,在研究规制规则思维时,也主要采用与责任规则相比较的方式来展开研究。

第一章　经济法思维的构造

对于经济法思维的认知,可以有不同的视角。例如,有学者在研究商法思维时,就认为其包括了商法中的民法思维、政治思维、商事习惯思维、技术思维、伦理思维、交易配置思维等。[①] 如果采用这种多角度的研究方式,当然能比较全面地认识经济法的思维,但如果要深入认识并揭示经济法思维的特性,我们还需要对其构造进行深入研究,可能的路径有两个:其一,从传统法理学对法律思维的认识着手,依据法律思维这一上位概念来分析经济法思维的纵向结构;其二,根据经济法在发展过程中所展示的内在逻辑,来探讨经济法思维的横向结构。当然,更为重要的是,我们希望在上述两个分析路径的研究基础上,总结出更为明晰和简洁的经济法思维表达,从而为后续经济法思维的实践运用研究提供理论指引。

---

① 参见曹兴权教授主讲的西南政法大学网络课程"商法的思维",载超星慕课网:http://mooc1.chaoxing.com/course/1123883.html,最后访问日期:2019年6月22日。

一、经济法思维的纵向结构:基于传统法理学路径的分析

(一)经济法思维纵向结构的基本说明

从法理学的路径分析,经济法思维属于法律思维的一种,因此要认识经济法思维,就应当回到法律思维本身上去。对于法律思维,虽然学界有不同的观点,甚至有学者认为不存在法律思维,①但主流的观点仍然坚持认为法律思维有重要的意义。② 根据专门性的研究,维纳克认为思维应当是主体在先习得知识与反应结果之间的沉思过程,③遵循这样的思路,法律思维指的是法律思维主体对法律的理性沉思过程,即主体带着有关"法律的思考"的认识,从法律的立场出发,运用法律方法解决具体问题的沉思过程,这也是主体通过具体问题对法律的反映、再认识和再把握的过程。从这一视角,我们可以认为,"法律思维,系指生活于法律的制度架构之下的人们对于法律的认识态度,以及从法律的立场出发,人们思考和认识社会的方式,还包括在这一过程中,人们运用法律解决问题的具体方法"。④ 进一步分析,法律思维是法律思维方式和法律思维方法的结合,因此法律思维的构造包括两个部分,即

---

① 例如,苏力就认为:"'像个法律人那样思考'是深嵌在英美法和美国法学教育传统中的一个命题。其原意从来也不是说,也不意味,法律人有什么独一无二的思维、思维特点或思维方式,仅仅是针对法学院一年级新生的要求,希望他们尽快熟悉英美法的基本制度环境以及分析推理的一些基本技能。"参见苏力:《法律人思维?》,载《北大法律评论》(第14卷·第2辑),北京大学出版社2013年版,第431~432页。

② 参见郑成良:《论法治理念与法律思维》,载《吉林大学社会科学学报》2000年第4期;陈金钊:《法律思维及其对法治的意义》,载《法商研究》2003年第6期;孙笑侠:《法律人思维的二元论》,载《中外法学》2013年第6期;董玉庭、于逸生:《司法语境下的法律人思维》,载《中国社会科学》2008年第5期;李应森:《法律人的思维特征》,载《河南大学学报》(社会科学版)2006年第6期;石旭斋:《法律思维是法律人应有的基本品格》,载《政法论坛》2007年第4期;刘治斌:《法律思维:一种职业主义的视角》,载《法律科学》2007年第5期。

③ 参见范春莹:《法律思维研究》,法律出版社2012年版,第33~34页。

④ 谌洪果:《法律思维:一种思维方式上的检讨》,载《法律科学》2003年第2期。

法律思维方式和法律思维方法。思维方式是指思维习惯、思维定式、思维形态、思维模式和思维传统等，而思维方法则指的是思维逻辑的应用方法。正如有学者所分析的，“当法律思维作为思维方式，它的一端便连接着法律的形而上层面，联系着法律和法律人的文化内蕴、品格和精神需求；当法律思维作为思维方法时，它的另一端便连接着法律的形而下层面，它在对解释、推理、论证等法律方法的探索中使法律为人们的生活提供了更为理性的安排”。①或者，我们可以将其更简明地表述为：法律方式是指法律思维的视角、立场、模式、习惯和传统等，属于法律的形而上层面，决定着思维展开的方向；法律方法是指主体解决法律问题所应用的工具，包括解释、推理、论证等法律方法，属于法律的形而下层面，表现为主体在解决法律问题时所运用的技术。

因此，经济法思维是主体融会经济法思维方式和经济法思维方法解决生活世界中具体问题的过程，同时也是对经济法本身再认识和再把握的过程。其内在结构包括经济法思维方式和经济法思维方法，前者是指主体在解决问题时所表现出的经济法思维的视角、立场、模式、习惯和传统，而后者则是主体在解决问题时所运用的技术工具。②

（二）经济法思维纵向结构的具体分析

1. 经济法的思维方式

总体来讲，经济法的思维方式主要表现为整体观、差异化和开放性三个方面。

---

① 谌洪果：《法律思维：一种思维方式上的检讨》，载《法律科学》2003 年第 2 期。

② 有学者认为经济法思维是法官在经济法理念的指导下，寻找或选择能得出最符合经济法理念结论的法律适用方法，这是经济法思维的过程。参见徐子良：《“民商事”审判中经济法思维之应用》，法律出版社 2012 年版，第 42 页。这种认识方式与本书类似，但存在很大的不同，首先，他将主体局限为法官，而本书没有限定；其次，他将适用领域限为司法领域，而本书认为经济法思维在所有实践中都可以运用，是一种开放的认知。

所谓整体观，是指主体在解决问题时，不只关注个体的权利和利益，而往往从整体社会的视角出发，以社会利益为本位，①协调处理各类主体的利益关系。② 例如，在市场规制法领域，如果两家企业自愿合并，从个体的社会观来分析，这应当属于两家企业自己权利的行使；但从整体观来看，如果企业合并将导致垄断，合并行为就可能被禁止。比如，2009 年可口可乐公司收购中国汇源公司，就被我国商务部所禁止。③ 再如，在宏观调控法领域，以美国 2008 年金融危机为例，许多重量级的金融机构濒临倒闭，如果按照个体的社会观，这属于企业自己的事。但美国政府仍然通过法律手段积极救市，④因为一旦金融机构经营失败，就必然导致众多储蓄者和投资者的损失，不仅危及该金融机构自身的生存与发展，还会引起多家金融机构的连锁反应，并加速整个金融业的危机，进而危及整个国民经济的健康发展和社会稳定。这显然是一种整体观。所

① 对于经济法的社会利益本位，徐孟洲教授认为：经济法是维护社会整体利益的社会本位法；经济法是经济性与社会性的有机统一，本质是为保障社会整体经济利益；经济法所树立的社会本位的理念促进了社会观念的进步。参见徐孟洲：《论政府和社会资本合作关系的经济法调整》，载《中国法律评论》2017 年第 1 期。

② 要深入理解这种思维方式，就必须回到社会学对社会的认识。自孔德开创社会学以来，对社会的认识一直就有两大传统：唯实论和唯名论。实证社会学派的孔德、斯宾塞、马克思、涂尔干等认为社会是一个抽象于具体个人而存在的客观实体，它有其自身的发展规律。人之于社会，正如细胞之于人，社会一经产生就成为与个人不同的更高的独立层次。人文主义社会学派的滕尼斯、韦伯则认为社会只是一种假象，它不过是由于具体的人的相互联系而组成，不能"只见社会不见人"，因此更应该注重个人的研究。而当今对社会的认识正趋于上述两种传统的融合，哈贝马斯、吉登斯、布迪厄、福柯已提出反对主客二原论思维方式。我国社会学创始人费孝通在总结其一生的学术研究时就指出社会的确是一个实体，但个人是这个实体活的载体，是可以发生主观作用的实体，社会和个人是相互配合的永远不能分离的实体。我们把这种社会观称为整体观。传统私法的思维方式其实是一种唯名论的社会观，而经济法的思维方式则是整体观。

③ 参见商务部公告 2009 年第 22 号《关于禁止可口可乐公司收购中国汇源公司审查决定的公告》。

④ 2008 年 9 月 20 日美国政府公布的巨额救市方案，拟动用 7000 亿美元，购入"不流动"按揭证券，并将国债法定上限提升至 11.3 万亿美元，从而成为经济大萧条以来美国最大型的救市方案。参见《美政府拟动用 7000 亿美元救市 并提高国债上限》，载网易新闻网：http://news.163.com/08/0921/03/4MB7T1H4000120GU.html，最后访问日期：2019 年 6 月 22 日。对美国金融危机中国家救助问题银行的法理分析，可参见杨松、王勇：《中国问题银行公共资金救助体系的法律构建——以金融危机中美国的救助行为为鉴》，载《法律科学》2010 年第 6 期。

以,经济法整体观分析问题的视角更为宽广、分析问题的框架更为宏大、分析问题的因素更为多元。

所谓差异化,是指在经济和社会生活中,由于各类主体在地位、信息、能力、时空、利益等方面存在诸多差异,因此在经济法中,会对不同主体有区别地保护,而不是高度抽象地一致对待。事实上,在现实生活中,各类主体的差异比比皆是。例如,国家与市场主体的法律地位上的差异、企业与消费者在信息占有上的差异、大型企业与小微企业在经济能力或竞争能力上的差异、东部地区企业与西部地区企业所处空间上的差异、政府与企业或个人在利益追求上的差异等。① 因此在经济法的思维中,并不像民法那样将主体高度抽象,主要分为法人、自然人和其他组织,并在法律上平等对待。可以说,这种源于私法的界定"不知晓农民、手工业者、制造业者、企业家、劳动者等之间的区别,而只知道完完全全的法律主体,只是'人'"。② 但经济法却有差异性,其法律主体具有身份性,在经济法中表现为"经营者""消费者""销售者""竞争者""广告主""广告经营者""中小企业""中外合资企业""中外合作企业""公用企业"等。身份不同,其利益的保护自然也是有区别的。以《消费者权益保护法》为例,对于消费者,第二章专门规定了其权利,却没有规定其义务;对于经营者,第三章专门规定了其义务,而没有规定其权利。这种权利义务的倾斜性结构设置目的就重在维护消费者这一弱者群体的利益。③ 所以,差

① 参见张守文:《经济法原理》,北京大学出版社2013年版,第9页。

② [德]古斯塔夫·拉德布鲁赫:《法学导论》,米健等译,中国大百科全书出版社1997年版,第66页。

③ 有学者就指出:在市场机制中因"差异性"而在资源配置中处于劣势地位的市场主体,通过赋予其专有的特殊权利和利益优先权而被"认真对待",解决弱势主体"权利贫困"问题,这就是经济法意义上市场主体权利的制度安排。可以说,这种差异性的权利制度安排正是经济法权利的特点,参见陈婉玲:《判断与甄别:经济法权利辨析——以市场主体权利为视角》,载《政法论坛》2017年第4期。在经济法中,基于差异化而对经济法主体进行角色化的设定,甚至成为中国经济法的一种特有的研究范式,例如"经营者——消费者"范式,参见单飞跃:《中国经济法学40年:理论周期与认知范式》,载《现代法学》2019年第1期。

异化思维方式的实质就是通过对主体的差异化保护来避免形式平等而追求实质公平。

所谓开放性,是指主体在解决问题时,强调职业的综合性和知识的多样性。而传统法律思维方式强调法律问题的解决主要应当依靠司法机制,法院是主要的主体,并且解决问题的依据也是法内知识,即强调职业的自治性和知识的纯粹性。而经济法强调职业的综合性,即认为法律问题的解决并非一定是在法院,立法、行政和司法主体都可以解决法律问题,另外具有立法、行政和司法综合职能的"无头的第四部门"也是解决法律问题的重要主体。例如,美国的证券交易委员会、平等雇佣机会委员会、联邦贸易委员会、消费者产品安全委员会等,①甚至普通公众也可以参与法律问题的解决之中。② 此外,经济法也注重知识的多样性。比如德国的反垄断委员会,它负责对企业集中化发展以及控制市场企业或企业兼并进行鉴定,其五名成员就分别是来自国民经济学、企业管理学、社会政策学和经济学方面的专家。③ 再如,在20世纪80年代,美国里根政府为了配合实施"放松管制"的政策,将一半以上的联邦法官送到美国自由主义经济思想的大本营——芝加哥大学和佛罗里达大学接受经济学的培训。

---

① 这些新型的国家机关集立法、司法和行政职能于一身,具有较强的独立性,且具有与传统的立法、行政、司法机关不同的法律属性,难以划入传统的国家机关之列,所以人们将其称为"无头的第四部门"。参见陈云良:《国家调节权:第四种权力形态》,载《现代法学》2007年第6期。

② 在著名的"微软案"中,当美国司法部与微软公司在2001年11月6日达成了被称为《修改的最终判决建议》的和解方案后,美国司法部根据《唐尼法》(Tunney Act)的规定,向法院提交了《竞争影响陈述》并且在联邦出版物中公开了该陈述以及《修改的最终判决建议》,以征求公众意见。此后美国司法部收到了32,392份针对最终判决建议的公众意见,并于2002年2月28日将意见全文呈递给法院,同时刊登在联邦出版物中。根据公众的意见,双方当事人共同向法院提交了第二份《修改的最终判决建议》。对此,地区法院进行了是否符合公众利益的审查,结论是除了保留司法权之外,同意了美国司法部与微软之间达成的协议,并依此于2002年11月12日作出了最终判决。参见国家工商行政管理总局公平交易局,中国社会科学院国际法学研究中心编著:《反垄断典型案例及中国反垄断执法调查》,法律出版社2007年版,第174~175页。由此可见普通主体也参与到司法活动当中,并起到了重要的作用。

③ 参见刘宁元主编:《中外反垄断法实施体制研究》,北京大学出版社2005年版,第127页。

2. 经济法的思维方法

传统法律的运用技术主要包括法律解释、法律推理、法律论证和价值衡量等方法,但都强调法内知识的运用,生活世界中的经济、政治、道德等因素通常被排斥在外。但经济法作为现代法,除了采用常见的法内思维方法,还尤其重视法外知识的技术运用,主要包括经济解释、社会学分析、政策工具等。

所谓经济解释,主要是指主体在解决法律问题时,采用经济学的基本原理,如效率、需求弹性和外部性等来进行成本收益的分析。由于经济法的兴起与经济学的发展有着内在的亲缘关系,历史上不同时期的主流经济学理论、流派和学说都对经济法学理论和制度的建构有重大的影响,所以经济法具有突出的经济性特征,①这使经济学的重要范畴如成本、效益、稀缺、外部性、竞争和垄断等已成为经济法解决法律问题的重要分析工具。例如,在企业合并的反垄断案中,判定企业合并是否需要被限制,主要看在相关市场内,企业合并是否会显著地妨害有效竞争。在这里,至少有两个因素需要经济学的判断:一是相关市场,二是市场集中度。就相关市场而言,通常要考虑合理的可替代性和需求的交叉弹性;就市场集中度来讲,则通常需要考虑赫尔芬达尔指数。② 毫无疑问,基于经济法的经济性特征,经济解释是经济法思维

---

① 对于经济法的经济性,中外学者都有深刻的阐述,例如德国学者 J. W. 赫德曼(Hedemam)就曾主张,以具有现代法特征并渗透于现代法的经济精神为基调之法为经济法,并认为"正如十八世纪中的'自然'为该时代的基调一样,在现代则以'经济性'(wirtschafthichkeit)作为该时代的基调,而以此经济性特征的法为经济法"。参见彭飞荣:《中国经济法学——一种知识系统论的研究视角》,法律出版社 2018 年版,第 54 页。我国学者徐孟洲则分析道:从经济法的名称看,就表明了经济法具有经济性,这是不言而喻的,因为经济法调整的对象发生在直接物质生产与再生产领域,并具有经济目的性。从经济法反映经济规律、更多地运用法律化的经济手段作用于市场经济领域、使国家经济政策和措施法律化等诸多方面来看,经济法具有突出的经济性。参见徐孟洲:《论政府和社会资本合作关系的经济法调整》,载《中国法律评论》2017 年第 1 期。

② 赫尔芬达尔指数是一种平方计算法,即将相关市场上所有企业的市场份额平方后再相加。

方法中的一种重要方法。

所谓社会学分析主要包括两个方面：一是社会学的社会结构、社会角色、社会群体、社会组织、社会阶层、社会分化等理论对于经济法律问题的分析有帮助。例如，我们在引言里提到的，在消费者起诉脑白金虚假宣传案中，脑白金商品包装物右下角图案中标注“脑白金里有金砖”，还特别标明“上海老凤祥特别打造的99.99%金砖”和“价值5000元”等文字。该商品“脑白金里有金砖”的广告宣传引起了全国各地很多消费者的注意，不断有消费者受广告影响，购买了脑白金，但是没有发现宣传中的“金砖”。从2007年年初开始，许多消费者以“欺诈消费者”为由起诉生产公司和销售商，要求双倍赔偿。① 但大多数法院并不支持消费者的诉讼请求，因为法官认为消费者是一个社会群体性概念，只要智力正常的人都不会认为花200多元购买脑白金的产品就必然获得价值5000多元的金砖。② 二是社会学强调“实证”的研究方法，诸如问卷调查、数据分析、实地考察等，它们对用经济法解决法律问题也具有重要的意义。例如，在九头鸟诉九头凤仿冒案中，③双方争议的焦点就在于“九头鸟”是否是“知名商品”，而法院就是通过委托零点商务调查公司进行社会学调查，从而最终确认“九头鸟”是“知名商品”。④

---

① 依据当时《消费者权益保护法》第49条的规定，即经营者提供商品或者服务有欺诈行为的，应当按照消费者的要求增加赔偿其受到的损失，增加赔偿的金额为消费者购买商品的价款或者接受服务的费用的一倍。

② 参见甘强：《经济法利益理论研究》，法律出版社2009年版，第248页。

③ “九头鸟”是在北京经营的湖北菜餐厅。2002年年初，原为“九头鸟”厨师长的石送某和采购部经理的石保某两兄弟，离开了“九头鸟”，与他人合开了“九头凤”餐厅。“九头鸟”起诉称，“九头鸟”是知名品牌，而“九头凤”在名称、装潢及有关宣传资料等方面均和它类似，构成混淆行为。具体参见“北京九头鸟航天酒家、北京市九头鸟酒店管理有限责任公司诉北京市九头凤餐饮有限公司、石送某、石保某、武某某不正当竞争纠纷案”，北京市朝阳区人民法院(2002)朝民初字第6474号判决书。

④ 依据当时《反不正当竞争法》第5条的规定，争议的焦点在于是否是“知名商品”，而2017年11月4日《反不正当竞争法》修订后，依据其第6条的规定，则变为了是否具有“一定影响的”。

所谓政策工具，在经济法语境中可表述为经济政策，这也是经济法独具特色的思维方法。传统的法律思维方法强调法与政策的界限，即所谓“政策就是政策，法律就是法律”，但作为现代法的经济法却具有极强的政策性。① 正如有学者所分析的：“经济法制度的形成，与经济政策的联系十分密切，具有很强的‘政策性’，这是以往的传统部门法所没有的。由于现代社会是一个分工复杂，变化多端的社会，从而对经济运行效率有更高的要求，而法律本身却有相对的滞后性，因此，能够灵活地及时应对各种复杂问题的经济政策，便得到了广泛的重视和运用。”②所以与传统法律思维不同，经济政策本身成为经济法的一种调整方法。例如，中国人民银行的货币政策工具就是这种调整方法的体现。就公开市场买卖而言，表面看是合约关系，是一种民事行为，但中国人民银行与交易对手的买卖并非为其自身利益，而是为了宏观经济调控目标的实现；就法定存款准备金而言，表面看是一种行政关系，是一种具体行政行为，但这种强制收集储蓄金的行为并非是普通的行政管理，仍然是为了通过控制货币流量，从而达到宏观经济调控的目的的行为。

综上，从法理学路径分析，经济法思维的纵向结构可以分为两个部分，一是经济法思维方式，主要表现为整体观、差异化、开放性。二是经济法思维方法，主要表现为法内方法和法外方法，其中法内方法包括传统意义上的解释、论证、推理等；法外方法主要包括经济解释、社会学分析和政策工具。我们可

---

① 从理论的角度分析，经济法与经济政策之间存在互动性、相通性、同一性等内在联系。参见张守文：《经济法的政策分析初探》，载《法商研究》2003 年第 5 期。从实证的角度分析，国务院新闻办公室发布的《中国特色社会主义法律体系》白皮书中表明，我国已经制定完成经济法方面的 60 部法律和大量行政法规、地方性法规。而有学者对这 60 部法律进行实证考察，发现在这 60 部法律中“政策”一词在其中 20 部法律里共出现 87 次，“形成了经济法中特有的政策法律事实”，更是“充当了政府与市场在经济法中的转接点，其在经济法中的存在具有普遍性”。因此，政策与经济法律相互作用，共同推进经济法的法治完善，这在经济法的法律文本中得到实证证明。参见单飞跃、张玮：《经济法中的政策——基于法律文本的实证分析》，载《社会科学》2012 年第 4 期。

② 张守文：《经济法理论的重构》，人民出版社 2004 年版，第 235 页。

以通过图 1－1 来清晰地认识经济法思维的纵向结构。

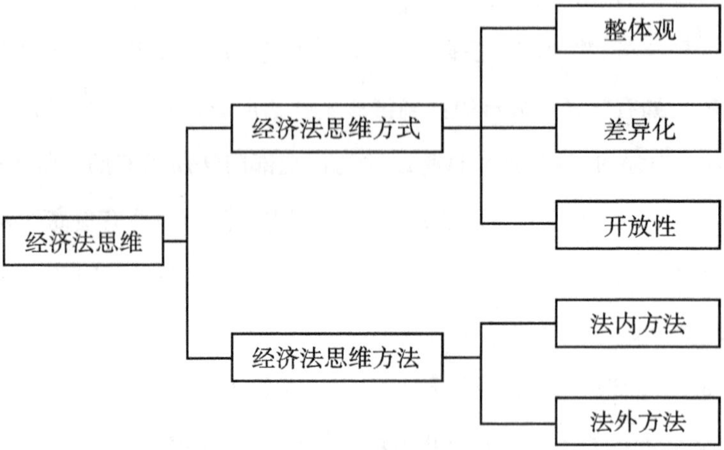

图 1－1　经济法思维的纵向结构

二、经济法思维的横向结构：遵照经济法内在逻辑的研讨

在我国的经济法理论中，一般认为经济法是国家干预经济的基本法律形式。[①] 有学者将其宗旨归纳为，“通过对调制关系的调整，来不断地解决个体营利性和社会公益性的矛盾，兼顾效率与公平，从而持续地解决市场失灵的问题，促进经济稳定增长，保障社会公益和基本人权，进而实现经济与社会的良性和协调发展”。[②] 由此可见，经济法主要解决的是国家与市场这一对矛盾统一体的问题，所以对经济法思维的把握，必须在国家—市场这个结构中展开。当然，如果要更深入地理解经济法发展的内在逻辑，可能还需借助社会学理论。正如德国著名法学家古斯塔夫·拉德布鲁赫所言：“经济法产生于国家不再由纯粹私法保护自由竞争，而寻求通过法律规范以其社会学的运

① 参见李昌麒主编：《经济法学》，法律出版社 2016 年版，第 38 页。
② 张守文：《经济法理论的重构》，人民出版社 2004 年版，第 315 页。

动法则控制自由竞争的时候——而这种法律规范本身就是可能在社会学运动中有效干预的社会学事实。"①进一步分析,正如马克思所言:"社会不是以法律为基础的,那是法学家的幻想。相反,法律应该以社会为基础。"②所以,经济法发展的逻辑是与其所依赖的社会结构密切关联的,或者说是由其依赖的社会结构所宰制的,③而经济法思维则是对这一内在逻辑的相应表达。因此,从市民社会理论来分析经济法赖以存在的社会结构,④可以帮助我们厘清经济法的思维。

(一)经济法内在逻辑展开的理论基础:社会结构变迁

从市民社会理论来看,经济法所依赖的社会结构出现了从二元结构向三元结构的嬗变。

从市民社会的本源来看,它是一个富有包容性和开放性而内涵不断变化的概念,在漫长的历史演变过程中被赋予了丰富含义。但尤为重要的是,依据这一理论形成了市民社会与政治国家这一对范畴。而第一个真正将市民社会作为政治国家的相对概念进而与国家作出学理区分的是黑格尔。在黑

---

① [德]古斯塔夫·拉德布鲁赫:《法学导论》,米健等译,中国大百科全书出版社 1997 年版,第 77 页。

② 《马克思恩格斯全集》(第 6 卷),中共中央马克思、恩格斯、列宁、斯大林著作编译局译,人民出版社 1961 年版,第 291 ~292 页。

③ 事实上,除了马克思之外,梅因、涂尔干、韦伯、帕森斯都从某个方面对上述命题进行了阐释。梅因将法律从传统社会向现代社会的发展归结为一种"从身份到契约的运动";涂尔干认为法律随着社会本身的发展而改变,这种发展是从区隔分化到功能分化渐进的社会重构;韦伯认为从传统社会到现代社会,法律遵循的是从"实质理性法"到"形式理性法"的转变;帕森斯则建构了结构功能分析模型,他从功能分化的角度,将社会结构概念发展成为一种庞大的旨在解释一切人类行动的系统理论,法律的生成也必然是在社会结构中进行考量。

④ 市民社会理论是西方思想史上的重要理论。这一理论的发源可上溯至古希腊先哲亚里士多德,而自 20 世纪 70 年代开始更掀起了一股市民社会理论复兴的高潮,几乎形成了一股可以被称为全球性的"市民社会思潮"。这一思潮对政治学、社会学、法学等各个学课的研究都产生了巨大影响。参见邓正来:《国家与市民社会——一种社会理论的研究路径》,载邓正来、[英]J. C. 亚历山大编:《国家与市民社会》,中央编译出版社 2002 年版,第 16 ~21 页。

格尔看来,“市民社会,这是各个成员作为独立的单个人的联合,因而也就是在形式普遍性中的联合,这种联合是通过成员的需要,通过保障人身和财产的法律制度,和通过维护他们特殊利益和公共利益的外部秩序而建立起来的”。① 黑格尔认为市民社会处于家庭与国家之间的地带,它不再是只与野蛮或不安全的自然状态相对的概念,更准确地说,它是同时与自然社会(家庭)和政治社会(国家)相对的概念。它由三部分组成:需求的体系—市场经济、多元的体系—自愿组织(同业公会)、司法的体系—警察和司法机构。②在市民社会与国家的关系上,黑格尔认为国家高于社会。与黑格尔的市民社会理论相对应的则是洛克的市民社会理论,从其自由主义的思想根源来看,隐含有显而易见的但并未截然二分的思想导向:其一是透过市民社会前国家的成分或品格而表现出来的所谓捍卫个人权利或反权威的“反政治”导向;其二是透过市民社会处于国家(或非政治)的规范框架而显示出来的社会完全可以不需要国家权威而自己管理自己的“非政治导向”。③ 因此洛克的观点是社会先于国家或外在于国家。总之,无论是洛克式的“市民社会先于或外在于政治国家”架构,还是黑格尔式的“国家高于市民社会”架构,均是一种二元社会结构论。

随着社会的发展,当代学者对市民社会理论中社会结构的认识,出现了从二元结构到三元结构的嬗变。例如,戈登·怀特认为:“公民社会是国家和家庭之间的一个中介性的社团领域,这一领域由同国家相分离的组织所占据,这些组织在同国家的关系上享有自主权并由社会成员自愿地结合而形成以保护或增进他们的利益或价值。”④美国学者柯亨和阿托拉则认为市民社

---

① [德]黑格尔:《法哲学原理》,范扬、张企泰译,商务印书馆1961年版,第198页。

② 邓正来:《市民社会理论的研究》,中国政法大学出版社2002年版,第37页。

③ 邓正来:《国家与社会》,北京大学出版社2008年版,第111~112页。

④ [英]戈登·怀特:《公民社会、民主化和发展:廓清分析的范围》,载何增科主编:《公民社会与第三部门》,社会科学文献出版社2000年版,第64页。

会是介于经济和国家之间的社会相互作用的一个领域，由私人的领域（特别是家庭）、团体的领域（特别是自愿性的社团）、社会运动以及大众沟通形式构成。在他们看来，政治国家与市民社会的二分法已经过时，应该采用市民社会—经济—国家的三分法。[①] 哈贝马斯也认为，市民社会是一种独立于国家的“私人自治系统”，它包括私人领域和公共领域，其中私人领域是指市场对生产过程加以调节的经济子系统，公共领域是指由各种非官方的组织或机构构成的私人有机体。[②] 私人领域受到政治系统的侵蚀，而公共领域受商业化和技术统治论的压制，难以自由讨论和对话，因而，他主张实现和重建“非政治化的公共领域”，从而使公共领域和私人领域尽可能远离政治的侵扰。[③]

上述二元结构到三元结构的理论嬗变，为认知经济法思维提供了丰富的理论基础，因为当经济法赖以存在的社会结构发生变迁，也必然导致经济法思维的相应变化。

（二）经济法思维横向三元结构的确立

与市民社会理论的变化相对应，经济法学者最初也是在社会与政治国家这个框架中来解释经济法的。如有学者认为，社会与政治国家的良性互动是经济法的分析框架和分析视角，社会的内在缺陷，是国家借助政府经济行为进行干预的内在理由和依据。因此，经济法是“政府干预社会经济之法”，而社会的自身性质和特点又限定了政府干预的限度与范围，在此意义上，经济法又可称为“干预政府之法”。合理安排市场化的限度与政府经济行为的边界是经济法的重心。[④] 还有学者也作了深刻的分析，单飞跃认为经济法是社

---

① 何增科：《市民社会概念的历史演变》，载《中国社会科学》1994 年第 5 期。

② 同上。

③ 鲁篱：《行业协会经济自治权研究》，法律出版社 2003 年版，第 10 页。

④ 吕忠梅等：《规范政府之法：政府经济行为的法律规制》，法律出版社 2001 年版，第 41～44 页。

会与政治国家的辩证法。传统理论框架中，社会与政治国家应当进行严格分野，并且以宪法作为社会与政治国家之间订立的契约，来划定社会与政治国家的界限。洛克式的“市民社会先于或外在于政治国家”架构与黑格尔式的“国家高于市民社会”架构，所表达的分别是社会绝对化与政治国家绝对化两种极端主张。社会发展的实践及理论研究说明，社会与政治国家都存在天然的缺陷与失灵，社会孕育的市场能保障机会平等，但结果不一定公平；政治国家孕育的政府能保障前提公平，但结果不一定富有效率。因此，社会与政治国家逐渐由一种彼此相克的状态向彼此相依的状态转化，在市场与国家之间寻求一种调和理念。经济法正是社会与政治国家相互联动的法律辩证法。[①] 这样的分析，无疑已经触及了经济法最为根本的思维，即通过国家干预克服市场失灵来促进经济发展。进一步分析，如果市场机制能够有效运行，那么市场自治就可以达到社会效率的最大化。正是因为市场存在缺陷，或者说会失灵，如市场的不完全、市场的不普遍、信息失灵、负外部性、公共产品供给不足、存在经济周期等，因此就必须依赖国家干预来达到经济有效运行，所以，国家干预和市场自治就应当是经济法思维的二元结构。

但正如前述，市民社会理论已经开始向三元结构理论转变，而这也接近当代社会结构和社会关系的现实，因此经济法学者也开始从三元结构来认知经济法。例如，王全兴对传统的“政府—市场”二元研究框架进行了反思，他认为政府与市场的关系并非绝对的对立，它们往往通过一定的中介来发生联系，并且在现代社会，非政府公共组织大量涌现，它既履行了政府的某些职能，也替代了原来由市场主体享有的某些职能，因此在经济法的研究中应当采用“政府—社会中间层—市场”三元框架的范式。[②] 郑少华也认为对经济

① 单飞跃：《经济法理念与范畴的解析》，中国检察出版社 2002 年版，第 149 ~ 151 页。

② 王全兴、管斌：《社会中间层主体研究》，载漆多俊主编：《经济法论丛》（第 5 卷），中国方正出版社 2000 年版，第 42 ~ 109 页。

法的研究应采用三元框架范式，即社会—团体社会—政治国家，他认为传统的社会—政治国家社会结构是人们依据“社会契约论”将权利让渡给国家的结果。而随着社会的发展，产生了各种无法解决的社会问题，于是产生二次“社会契约”的缔结，即从国家和个人手中再让渡一部分权利给社团，这就是三元社会结构产生的理论基础——“动态的社会契约”。与之相对应，法律也应当是“私法—社会法—公法”的法律三元结构，而经济法是社会法的一种，其法本位是“社会本位”，调节机制是社会调节。① 还有学者依据哈贝马斯的三元结构理论，认为在市场和政府之间，存在国家领域（政治公共领域）和市场领域（私人领域）之外的第三领域（公共领域）。在这里，政府和市场均无法实现对社会的有效管理，即出现市场和政府失灵，而第三部门有效弥补了二者缺陷，对第三领域进行有效管理，成为第三领域的社会管理主体。② 上述学者对经济法的认知，其实已经超越了社会与政治国家的孤立自我及严格分野，是在国家—社会—市场三元结构中展开分析。总的来讲，相对于二元结构，三元结构最重要的是加入了行业组织等第三部门的功能，即社会实施。这种社会实施的主体是自治性组织或联合组织，它独立于国家与市场主体，为国家干预和市场自治之间提供中介性作用。而且，它们在克服市场失灵方面可以弥补国家干预的不足，或者说还可以克服政府失灵。因为根据布坎南的公共选择理论，政府也是由“经济人”构成的，“经济人”有其个人利益的诉求，因此国家干预也可能引发市场主体自主权丧失和自由权的限制等妨碍市场机制充分发挥作用的情形出现，即干预失灵，③而第三部门则可能对其进行弥补。

综上所述，根据“国家—社会—市场”的三元结构，经济法思维也呈现出

① 郑少华：《社会经济法散论》，载《法商研究》2001 年第 4 期。

② 种明钊主编：《国家干预法治化研究》，法律出版社 2009 年版，第 103 页。

③ 我国也有学者从人性的角度对此进行深刻的分析，认为干预失灵与政治人的归属感需求和享乐追求有关，参见胡光志：《人性经济法论》，法律出版社 2010 年版，第 145 ~ 147 页。

对应的横向三元结构,即国家干预—社会实施—市场自治(参见图1-2)。其内在逻辑是:市场自治是基础,但市场自治会失灵,因此需要国家干预,而国家干预也可能失灵,因此还需要社会实施加以补充。①

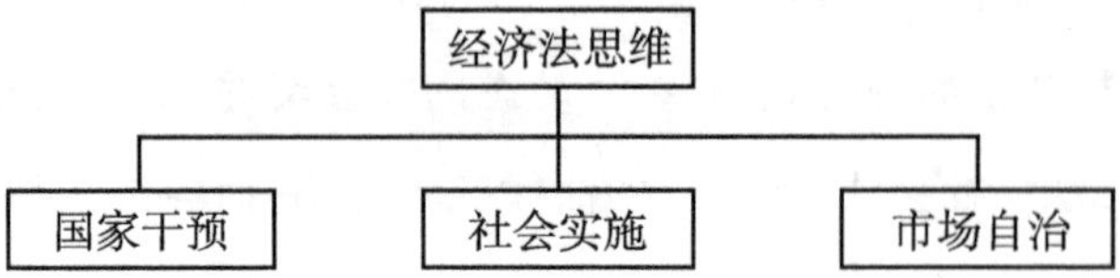

图1-2 经济法思维的横向结构

三、经济法思维的综合表达:依据经济法思维的方法要素

上述对经济法思维的法理学路径分析和对经济法内在逻辑的研讨,分别从纵向和横向两个角度为我们展示了经济法思维,但这两种分析仍然有一定的不足之处。从整体上而言,纵向结构将思维分为形而上的"理念"和形而下的"方法",横向结构则主要表现为"方法",这说明,无论哪一种路径都将"方法"作为思维概念的重要因素。事实上,采用任何方法来解决问题时,其实都有理念的自觉指引,从这个角度来讲,从"方法"的角度来认知和表达经济法思维是比较可靠的。下面,作者就将进行综合性地分析,希望通过揭示经济法思维的方法要素来综合表达经济法思维。

① 这种内在逻辑的思维表达,往往契合了法律的功能。例如,有学者在分析商法思维时,认为民法以民事主体之间的平等性和交易的公平性为逻辑出发点,民法思维看重单个交易对于双方主体实体性的公平或平等,较少考量整体交易机制或交易习惯的机理、背景与要求,其特征是通过寻求个体的绝对公平实现社会的整体公平;而商法却是以整个商业社会的整体交易规则为保护对象,它重视已达成的交易对于其他交易或者当事人会造成的影响,强调交易本身的效率和安全,由此衍生出商法思维的逻辑基础是基于整个交易机制效率的前提下考虑个体的公平,其特征是通过寻求商业社会的整体公平来实现个体的相对公平。参见郑彧:《商法思维的逻辑基础》,载《学术月刊》2016年第6期。显然,这与我们对经济法横向思维的表达,在逻辑上是一致的。

(一)经济解释和经济政策:纵向结构的基本方法

就经济法思维的法理学路径分析而言,它从纵向为我们分析了经济法思维,即经济法思维方式和经济法思维方法,前者为形而上的思维理念,后者为形而下的思维技术。但其实我们在运用经济法思维时,并非分得那么清楚。例如,通过市场公开买卖的手段来达到货币流量的调控,它既包括作为理念的"整体观",也包括作为技术的"经济政策",二者其实是难以分割的,因此这样的分别说明,就难以具有概括性。我们重点考察以下三个经济法思维方法是否合适。首先,就社会学分析而言,它可以作为一种经济法思维方法,这种方法在分析法律问题时重视社会后果,①即往往在解决法律问题时要关注法外的道德、伦理、政治等因素,但这与传统的"社会学解释"方法极其相似,并似乎与法理学中的"法律论证"也难以明确区分,②从而不具有典型性。其次,经济解释这一方法就具有明显的经济法思维特点,因为它与经济法的经济性特征具有高度的关联性,并且在实践中也得到广泛地运用。最后,经济政策与经济法自身的品性相适应,也已经成为一种独特的调整方法。所以,我们可以确定将经济解释和经济政策作为经济法思维的第一个和第二个基

---

① 正如有学者所分析的,"随着社会、经济与科技的不断发展,社会关系包括法律关系变得更加错综复杂,依靠单纯的法律逻辑关系解决纠纷的方式可能会失灵,合法性的判断标准不再仅仅是有直接的依据,裁判的目标、执行结果、价值传统、时代思潮与精神、公共政策及实践的需要等社会效应因素都成为裁判标准的一部分,各类社会利益的协调成为司法的基本功能"。参见岳彩申:《法院判决"返还项目权益"的实质合法性标准及社会因素》,载刘云生主编:《中国不动产法研究》(第 15 卷),法律出版社 2017 年版,第 109 页。

② 法律论证理论是在承接古希腊先哲的修辞学、辩证法和实践哲学思想之基础上,充分吸收和借鉴 20 世纪中后期语言哲学、解释学、逻辑学、修辞学、语用学、非形式逻辑、对话理论、实践哲学、道德哲学和科学哲学等研究成果,来处理传统法律方法论当中的难题所取得的重大突破和成果。参见焦宝乾:《国内法律论证研究综述》,载郑永流主编:《法哲学与法社会学论丛》,北京大学出版社 2006 年版,第 224 页。就一般意义上讲,所谓论证是指通过提出一定的根据和理由来证明某种立法意见、法律表述、法律陈述、法律学说和法律决定的正确性与正当性。参见葛洪义:《试论法律论证的概念、意义与方法》,载《浙江社会科学》2004 年第 2 期。这与经济法思维的运用技术有高度的重合性。

本方法。

(二)国家干预和社会实施:横向结构的基本方法

经济法内在逻辑的研讨是依据经济法所依赖的“国家—社会—市场”三元结构,来分析其横向的思维结构,即国家干预、社会实施和市场自治。因此经济法内在逻辑与经济法的特性紧密相关,也可以说触及经济法思维的根本,即市场经济的自主机制是基础,只有当市场失灵时才需要国家干预来促进经济的健康持续发展,并以社会实施加以补充从而克服政府与市场的缺陷。所以,从横向结构来描述经济法思维,就更具有“经济法”的意蕴。但这里也存在一个问题,那就是“市场自治”与民法思维的“私人自治”有很大的共通性,而民法特别强调个人权利的自由行使,当然也会重视市场自治。正如前述,经济法思维同样重视市场的自我运行,即使国家干预也并非为了替代市场机制,而是为了克服市场失灵,排除妨碍市场机制正常运作的障碍,使市场经济更健康地运行。所以,如果用市场自治来描述经济法思维,就不具有较强的辨识度。我们可以把它视为一种基础性思维方法,但不能作为具有显性特征的“经济法思维”。① 因此,只将“国家干预”和“社会实施”作为第三个和第四个基本方法。

---

① 德国当代著名的经济法学家弗里茨·里特纳和迈因哈德·德雷埃尔在《欧洲与德国经济法》一书中有类似的表达。在他们看来,建设一个整体经济制度有两条道路:一是通过国家或类似国家的机关从事高权行为;二是通过一个分散化的制度,这一制度以私法自治和个人的所有权为基础,并且将物质的生产交给它们。这两条道路都不能单独实现理想的结果,因此立法者一般情况下只能“忧虑地选择”。参见[德]弗里茨·里特纳、迈因哈德·德雷埃尔:《欧洲与德国经济法》,张学哲译,法律出版社2016年版,第33页。这段话实际上指出,经济发展完全靠私人自治或国家干预都是不可行的。因此经济生活只能通过两条道路同时进行法律规则,即通过平权个人的私法自治以及通过经过了民主合法化的国家权力共同作用,而私法自治具有优先性,高权规制只能是补充性。参见[德]弗里茨·里特纳、迈因哈德·德雷埃尔:《欧洲与德国经济法》,张学哲译,法律出版社2016年版,第128~129页。从实质上讲,尊重私法自治优先,其实就是指市场机制的自我运行优先。高权规制补充,其实就是指市场失灵所带来的问题由国家干预。所以市场之治其实是经济法一种非显性的、基础性的思维方法。

(三)规制规则:综合考量的基本方法

前面两种分析路径都可能缺失某种重要的经济法思维方法,即相对于传统法而言,经济法可能在法律治理中更注重预防性,而非事后的法律责任的追究。一般而言,传统法律对于社会生活的调整,往往是将需要保护的利益上升为法律权利,如果这种权利受到侵害,则侵权人需要承担法律责任。因此传统法中法律责任的追究是以某种权利的受损为前提的,行为人承担不利后果,如受到惩罚或赔偿损害。在司法上,谓之:无损害无救济。毫无疑问,这种保护模式,是以损害发生为前提。但经济法所保护的利益涉及社会公共利益,通常不能在后果发生后才强调责任的承担。例如,三星(中国)投资有限公司向国家质量监督检验检疫总局备案了召回计划,决定自 2016 年 10 月 11 日起,召回在中国大陆销售的全部 SM-N9300 Galaxy Note 7 数字移动电话机,共计 190,984 台(包含 2016 年 9 月 14 日公告首次召回的 1858 台产品)。本次召回范围内的产品,由于存在异常发热、燃烧等问题,有可能发生起火等严重后果。① 显然,这就是根据《产品质量法》中的召回制度而采取的措施,它可以有效避免大多数消费者生命、财产安全的损害。而如果任由手机爆炸,之后才追究责任,后果会极其严重。因此,有学者总结道:经济法的调整机制,重视经济法的事前规划、管理、引导、指导、防范功能。② 对此,我们可以更深入地分析,将传统的责任追究方式称为"责任规则",而将经济法重视事前规制的方式称为"规制规则"。前者是指权利被侵犯之后通过补偿、赔偿等方式维护权利主体利益的权益配置;后者是指对行为主体的行为予以一

---

① 《三星(中国)投资有限公司召回 SM-N9300 Galaxy Note 7 数字移动电话机》,载国家质量监督检验检疫总局网:http://www. aqsiq. gov. cn/zjxw/zjxw/zjftpxw/201610/t20161011_475548. htm,最后访问日期:2019 年 6 月 26 日。

② 岳彩申、李永成:《中国经济法学三十年发展报告》,载李昌麒、岳彩申主编:《经济法论坛》,群众出版社 2010 年版,第 19 页。

定限制或设定规范从而保护权利者的手段。“规制规则”也是一种重要的经济法思维，它既有“预防性”这种理念层面的思维方式，同时更多地体现为一种法律治理的方法，是一种经济法思维的独立表达，可以作为第五个基本方法。

综上所述，我们可以用五个基本方法来表征经济法思维，即国家干预、社会实施、经济解释、经济政策、规制规则（参见图1－3）。它们都是经济法思维的重要方法，这样的表达比较清晰而且具有明显的经济法意蕴。至此，我们对经济法思维可以作一个综合地描述：所谓经济法思维是指主体带着“经济法的思考”去解决生活世界中问题时的方法，主要包括国家干预思维、社会实施思维、经济解释思维、经济政策思维和规制规则思维。这五种方法并非没有任何联系，事实上，无论哪一种方法都是为了达成经济法的核心理念，即克服市场失灵而达致社会公共利益最大化。或者我们可以说，经济法的核心理念已经蕴含于这些方法之中，是主体在使用这些经济法思维方法时无须言明的逻辑前设，也就是所谓的“经济法的思考”。所以，后文对经济法思维的实践考察就将围绕上述五个基本方法来展开。

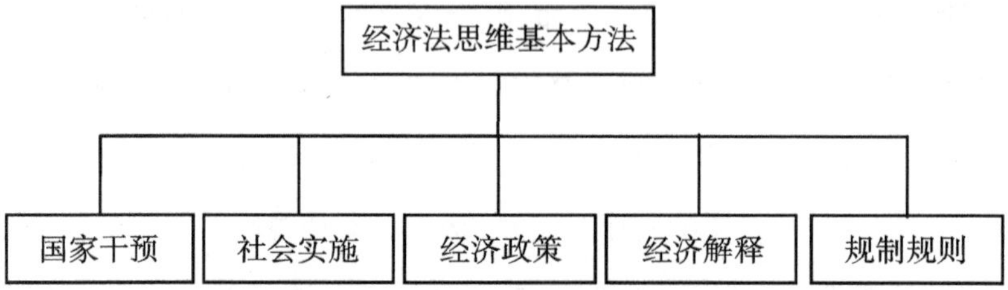

图1－3　经济法思维基本方法

小　　结

经济法思维是什么，这是后续研究的理论基础。经济法思维可以从多维度认知，其构造包括纵向结构和横向结构。就纵向而言，运用经济法思维是指主体融会经济法思维方式和经济法思维方法解决生活世界中具体问题的过程，同时也是对经济法本身再认识和再把握的过程。其内在结构包括经济法思维方式和经济法思维方法，前者主要表现为整体观、差异化和开放性，而后者则是主体在解决问题时所运用的法内和法外技术工具，主要包括经济解释、社会学分析和经济政策等，其中经济解释和经济政策具有突出的经济法思维特性。就横向而言，经济法思维是由其所依赖的社会结构决定的，主要表现为国家干预、社会实施和市场自治，其内在逻辑为：市场自治是基础，但市场自治会失灵，因此需要国家干预，但国家干预也会失灵，而社会实施可以对其进行弥补。由于市场自治容易与民法的私人自治相混淆，且不具有典型性，因此不宜作为一种典型的经济法思维，而是应当作为一种基础性思维方法。所以，横向的经济法思维主要是指国家干预和社会实施。如果进行综合考量，经济法思维可以依据“方法”这一因素来加以界定，还包括纵向结构和横向结构都难以涵盖的规制规则思维。综上，经济法思维可以表述为：主体带着“经济法的思考”去解决生活世界中问题时的方法，主要包括国家干预思维、社会实施思维、经济解释思维、经济政策思维和规制规则思维。这五种方法都是为了达成经济法的核心理念，即克服市场失灵而达致社会公共利益最大化，也就是所谓的“经济法的思考”。

第二章　国家干预思维的文本考察

诚如前述，我们认为经济法是一种不同于传统法的现代法，其主要功能在于通过国家干预克服市场失灵来促进经济发展和维护社会公共利益，因此国家干预是经济法最为根本性的思维，所以我们首先对国家干预思维进行研讨。

一、国家干预的基本界定及问题的提出

（一）经济法视域中的"国家干预"

国家干预（government）源自现代经济学，是经济学中一个使用极为频繁的概念。作为一种与经济自由主义相对立的思想或政策主张，国家干预与十六七世纪的重商主义有着天然联系。20世纪30年代后，随着凯恩斯主义的诞生和兴盛，现代国家干预无处不在，但经济学并没有刻意对其进行定义，而是认

为这是不言自明的概念，人们只需考虑如何行动即可。①

在我国的经济法理论中，一般认为经济法是国家干预经济的基本法律形式，②而立法实践也认为："经济法是调整国家从社会整体利益出发，对经济活动实行干预、管理或者调控所产生的社会经济关系的法律规范。"③由此可见，无论是从理论还是实践来看，国家干预都是经济法区别于其他法律的一个重要标志，这与我们之前的分析一致，因为经济法主要致力于解决国家与市场之间矛盾，而国家干预则是经济法最重要的思维方法。

从经济法思维的角度而言，经济法中的国家干预，是在市场经济体制条件下，公权机关为了克服市场失灵和维护社会公共利益而对社会经济生活施加影响的一种方法。当然，如果要更深入地理解经济法中的国家干预思维，还需深入经济法国家干预的内在逻辑之中去，即谁在干预、为什么要进行干预、怎么样进行干预、干预的限度在哪里、干预的责任是什么。它们分别对应于干预主体、干预目标、干预方法、干预边界和干预责任。这说明国家干预思维具有较丰富的内涵。

（二）问题的提出

学界主流观点都认为经济法具有国家干预社会经济生活的性质，因为经济法主流学说常采用"协调""管理""调节""调制"等表述，④事实上都反映了国家在市场经济中对于社会经济生活某种程度干预的观念。然而，毋庸讳

---

① 参见薛克鹏：《经济法基本范畴研究》，北京大学出版社 2013 年版，第 113 页。

② 参见李昌麒：《经济法——国家干预经济的基本法律形式》，四川人民出版社 1995 年版，第 1 页。

③ 参见国务院新闻办公室 2011 年 10 月 27 日发表的《中国特色社会主义法律体系》白皮书。

④ 这些表述分别是"国家协调说"、"社会公共性管理说"、"国家调节说"以及"国家调制说"的核心词，这些学说都是经济法学界公认的主流学说，参见肖江平：《中国经济法学史研究》，人民法院出版社 2002 年版，第 289 ~ 296 页。

言,有部分学者对经济法中的国家干预并不赞同,[①]他们认为这是一种“国家主义的经济法观”,强调国家对经济生活可以随意干预,[②]甚至认为经济法中的国家干预仍然是计划经济的产物。[③] 我们无意从理论的角度再对此进行辨析,因为这样的研究已经有丰硕的成果,[④]而是选取有代表性的经济法文本进行实证考察。之所以从这个角度进行研究,是因为对于经济法中的国家干预,有人始终不能理解甚至加以否定;究其原因,除了他们未能对经济法中的国家干预理论有全面了解外,更重要的是,他们缺乏对经济法文本的研读。[⑤] 因此,有必要对经济法文本进行考察,发现其中的国家干预事实,从而深入地认识经济法思维在立法中的运用。

二、经济法中的国家干预事实

我们按照原国务院法制办公室(2018 年国家机关机构改革,将司法部和国务院法制办公室职能整合,重新组建司法部,不再保留国务院法制办公室)

---

① 秦国荣:《维权与控权:经济法的本质及功能定位》,载《中国法学》2006 年第 2 期。

② 董保华:《社会法原论》,中国政法大学出版社 2001 年版,第 188 页。

③ 吴越:《经济法思维的宪法指向——兼论经济法学的历史命运》,载《法学论坛》2013 年第 3 期。

④ 有代表性的有:李昌麒:《论经济法语境中的国家干预》,载《重庆大学学报》(社会科学版)2008 年第 4 期;应飞虎:《需要干预经济关系论——一种经济法的认知模式》,载《中国法学》2001 年第 2 期;应飞虎:《为什么需要干预》,载《法律科学》2005 年第 2 期;单飞跃:《“需要国家干预说”的法哲学分析》,载《现代法学》2005 年第 2 期;刘水林:《经济法的观念基础与规则构成——对“需要国家干预论”的反思与拓展》,载《现代法学》2006 年第 1 期;陈云良:《谨慎干预——经济法的现代新理念》,载《法商研究》(中南政法学院学报)2001 年第 3 期;刘大洪、段宏磊:《从“国家干预”到“谦抑干预”——谦抑性理念下中国经济法学逻辑起点之重构》,载张守文主编:《经济法研究》(第 15 卷),北京大学出版社 2015 年版;邱本:《论国家干预及其法治化》,载《财经法学》2016 年第 4 期;刘文华:《中国经济法“干预论”之批判》,载《首都师范大学学报》(社会科学版)2017 年第 6 期;卢代富:《经济法中的国家干预解读》,载《现代法学》2019 年第 4 期。

⑤ 李昌麒:《李昌麒法治论说拾遗》,法律出版社 2012 年版,第 316 ~ 317 页。

纳入经济法部门的法律类别标准,①并参照经济法学理论所确定的经济法范围,选取了其中 24 种凸显经济法特性的法律文本作为分析对象,②遵循前述国家干预的内在逻辑,从干预主体、干预目标、干预方法、干预边界和干预责任五个方面进行实证考察。③

(一)干预主体:以政府机关为主导,集中在经济领域

一般来讲,国家干预主体包括国家权力机关、国家行政机关、国家司法机关以及国家授权的"第三部门",但经济法的国家干预主要是指作为行政机关的政府干预。④

如果我们对应考察(参见表 2－1),只有《预算法》规定了立法机关,但 24 部法律均设有相应行政部门作为国家干预主体。就"第三部门"而言,它在法律文本中出现的方式为社会团体、行业协会、行业组织、行业自律组织等,但均没有被授予权力干预社会经济生活,而司法机关也只是作为专门性解决纠纷的机构被加以规定。由此可见,政府的确是经济法最重要的干预主体,经济法的国家干预主要是指政府干预。

---

① 国务院法制办公室编:《法律法规全书》(第 10 版),中国法制出版社 2012 年版,第 1 页。

② 包括 12 部属于市场规制法的法律:《消费者权益保护法》《农村土地承包法》《产品质量法》《食品安全法》《农产品质量安全法》《招投标法》《广告法》《价格法》《反不正当竞争法》《反垄断法》《电力法》《烟草专卖法》;12 部属于宏观调控法的法律:《土地管理法》《城市房地产管理法》《中国人民银行法》《商业银行法》《银行业监督管理法》《反洗钱法》《政府采购法》《企业所得税法》《个人所得税法》《城乡规划法》《预算法》《中小企业促进法》。时间截至 2019 年 12 月 31 日。

③ 需要说明的是,笔者在分析时,目光会在经济法理论和法律文本的规定之间流转,相互检视,因为社会科学的实证研究也不只是对所谓事实的经验验证,它必须强化实证的思辨,正如实证主义研究始祖孔德所言:"实证思辨始终趋向于揭示各种观察之间的联系手段,而观察的主要价值来自将其系统化。"[法]奥古斯特·孔德:《论实证精神》,黄建华译,商务印书馆 1996 年版,第 41 页。

④ 李昌麒:《论经济法语境中的国家干预》,载《重庆大学学报》(社会科学版)2008 年第 4 期。

表2-1 干预主体

法律文本名称	法定权力被授予部门	法律文本名称	法定权力被授予部门
《消费者权益保护法》	各级人民政府;工商行政部门;其他行政部门	《土地管理法》	自然资源主管部门;国务院授权的机构
《农村土地承包法》	农业农村主管部门;林业和草原主管部门;乡(镇)人民政府	《城市房地产管理法》	建设行政部门;土地管理部门;房产管理部门
《产品质量法》	各级人民政府;市场监督管理部门;其他政府有关部门	《中国人民银行法》	中国人民银行
《食品安全法》	食品安全委员会;卫生行政部门;县以上人民政府;食品安全监督管理部门;其他有关部门	《商业银行法》	银行业监督管理机构;中国人民银行;审计机关;其他有关监督管理部门
《农产品质量安全法》	各级人民政府;农业行政主管部门;市场监督管理部门;县级以上人民政府有关部门	《银行业监督管理法》	银行业监督管理机构;审计、监察等机关
《招标投标法》	有关行政监督部门(包括发展改革部门、财政部门、监察机关、工业和信息化、住房城乡建设、交通运输、铁道、水利、商务以及其他政府有关部门等部门)	《反洗钱法》	反洗钱行政部门
《广告法》	市场监督管理部门;县级以上人民政府有关部门	《政府采购法》	各级人民政府财政部门;各级人民政府其他有关部门

续表

法律文本名称	法定权力被授予部门	法律文本名称	法定权力被授予部门
《价格法》	价格主管部门；工商行政主管部门；县级以上人民政府其他有关部门	《企业所得税法》	财政主管部门；税务主管部门
《反不正当竞争法》	各级人民政府；县级以上人民政府履行工商行政管理职责的部门；监督检查部门	《个人所得税法》	国务院（制定具体办法）
《反垄断法》	反垄断委员会；反垄断执法机构	《城乡规划法》	各级人民政府；城乡规划部门
《电力法》	电力管理部门；物价行政部门；县级以上人民政府经济综合主管部门；县级以上人民政府有关部门	《预算法》	权力机关；政府财政部门；各级人民政府
《烟草专卖法》	烟草专卖行政主管部门；工商行政管理部门；省、自治区、直辖市级人民政府	《中小企业促进法》	负责中小企业促进工作综合管理的部门；中国人民银行；银行业监督管理机构；县以上人民政府有关部门

进一步考察，政府在法律文本中的表达方式可以分为三种：第一种是政府及其部门的概括规定，表达方式为“各级人民政府”、“县级以上人民政府”、“其他有关部门”或“其他有关行政监督部门”，它们散见于法律责任、监督管理等法律条文之中。具体而言，有7部法律规定为“各级人民政府”，有2部法律规定为“县级以上人民政府”，有4部法律规定为“其他有关部门”，有2部法律规定为“其他有关行政监督部门”，法律数量占所选法律文本的62.5%。[①] 第

① 《消费者权益保护法》《土地管理法》《产品质量安全法》《反不正当竞争法》《城乡规划法》《预算法》《农产品质量安全法》规定为“各级人民政府”，《食品安全法》和《中小企业促进法》规定为“县级以上人民政府”，《广告法》《政府采购法》《价格法》《电力法》规定为“其他行政部门”，《招标投标法》《商业银行法》规定为“其他有关行政监督部门”。

二种是政府的具体规定，表达方式为“国务院”“省、自治区、直辖市人民政府”“乡(镇)人民政府”。具体而言，有1部法律规定为“国务院”，有1部法律规定为“省、自治区、直辖市人民政府”，有1部法律规定为“乡(镇)人民政府”。[①] 第三种是行政部门的具体规定，有22个行政部门，它们大多直接在总则中予以明确，包括银行业监督管理机构、中国人民银行、反洗钱行政部门、食品安全委员会、卫生行政部门、产品质量监督部门、城乡规划部门、财政主管部门、税务主管部门、土地行政部门、建设行政部门、土地管理部门、房产管理部门、电力管理部门、物价行政部门、烟草专卖部门、反垄断委员会、反垄断执法机构、农业行政部门、林业行政部门、审计机关、监察机关等，基本上每部法律都有一个对应的行政部门。从表达的结构上看，法律在做出概括规定的时候，也一定同时规定了具体的行政部门。因此，政府干预主体一方面具有一定的模糊性，但同时也具有较强的明确性，从而保障了专门性与灵活性的统一。从具体的22个行政部门来分析，经济法的干预主体主要集中在工商、财政、价格、税务、金融、质监、反垄断、土地管理等领域，贯穿于需要干预经济的各个环节，具有很强的经济性特征，这也契合经济法干预经济生活的特性。此外，需要强调的是，有7部法律都出现了工商行政部门或市场监督管理部门，占所选法律的近1/3，可见这一干预主体的重要性。[②] 其中，有4部法律出现了工商行政部门，[③]有3部法律将工商行政部门更改为市场监督

---

① 《个人所得税法》规定为“国务院”，《烟草专卖法》规定为“省、自治区、直辖市人民政府”，《农村土地承包法》规定为“乡(镇)人民政府”。

② 2018年4月10日，国家市场监督管理总局宣布正式组建。国家市场监督管理总局是2018年国家机构改革中新组建的机构，为正部级国务院直属机构。将国家工商行政管理总局的职责、国家质量监督检验检疫总局的职责、国家食品药品监督管理总局的职责、国家发展和改革委员会的价格监督检查与反垄断执法职责、商务部的经营者集中反垄断执法以及国务院反垄断委员会办公室等职责整合，组建国家市场监督管理总局，作为国务院直属机构。毫无疑问，这一新组建的机构是非常重要的干预主体。

③ 分别为《消费者权益保护法》《价格法》《反不正当竞争》《烟草专卖法》。

管理部门。①

(二)干预目标:维护社会公共利益,以经济秩序为重

无论是学界还是实务界,都认为经济法是社会本位法,经济法对经济生活的调整必须以社会公共利益为出发点和最终的依归,因此维护社会公共利益是国家干预的干预目标。

关于社会公共利益,有不同的认识和分类标准。根据对法律文本的分析,经济法对社会公共利益的保护可以分为两种方式:一是在法律中抽象规定为“社会公共利益”,但并不确定社会公共利益的内涵,具有相当的灵活性;二是在法律中直接规定某种具体的社会公共利益,具有明确的指向性(参见表2-2)。

表2-2　干预目标

法律名称	抽象的社会公共利益	具体的社会公共利益				法律名称	抽象的社会公共利益	具体的社会公共利益			
		经济效率	经济秩序	经济发展	社会发展			经济效率	经济秩序	经济发展	社会发展
《消费者权益保护法》	—	—	1	1	4	《土地管理法》	1	—	—	12	9
《农村土地承包法》	—	—	—	1	6	《城市房地产管理法》	1	—	32	2	2
《产品质量法》	—	—	44	2	1	《中国人民银行法》	—	—	34	1	—
《食品安全法》	2	—	18	2	3	《商业银行法》	1	—	66	3	—

① 分别为《产品质量法》《农产品质量安全法》《广告法》。

续表

法律名称	抽象的社会公共利益	具体的社会公共利益				法律名称	抽象的社会公共利益	具体的社会公共利益			
		经济效率	经济秩序	经济发展	社会发展			经济效率	经济秩序	经济发展	社会发展
《农产品质量安全法》	—	—	—	1	22	《银行业监督管理法》	1	—	36	—	—
《招标投标法》	—	—	31	—	2	《反洗钱法》	—	—	15	—	5
《广告法》	—	—	14	—	3	《政府采购法》	3	—	2	1	17
《价格法》	—	—	29	—	3	《企业所得税法》	—	—	—	—	15
《反不正当竞争法》	—	—	24	1	—	《个人所得税法》	—	—	—	—	6
《反垄断法》	—	1	43	1	1	《城乡规划法》	—	1	—	5	6
《电力法》	—	—	12	2	6	《预算法》	—	—	—	3	36
《烟草专卖法》	—	—	24	—	4	《中小企业促进法》	1	3	3	2	3

统计显示,24 部法律全部都有对社会公共利益的规定,从这个角度来讲,经济法以社会公共利益作为其干预目标,的确有法律依据。如果从类型的角度分析,有 7 部法律规定了抽象的社会公共利益,有 24 部法律规定了具体的社会公共利益。需要强调的是,虽然有 7 部法律规定了抽象的社会公共利益,但同时也规定了具体的社会公共利益。因此,经济法维护的社会公共利益,应当说都有明确的指向。进一步分析,经济法保护的具体的社会公共利益,包括经济效率、经济秩序、经济发展和社会发展四个大类。数据表明,有 22 部法律规定了经济效率、经济秩序和经济发展,占所有法律的 91.66%,因此经济法所保护的社会公共利益具有非常强的经济

性特征。此外,有20部法律涉及社会发展的保护,占所有法律的83.3%,可见经济法同时也具有较强的社会性。如果再进一步考察,经济法保护的社会公共利益的种类还是非常丰富的。例如,经济秩序就包括竞争秩序、[1]金融秩序、[2]价格秩序[3]和房地产市场秩序;[4]社会发展也包括社会就业利益、[5]环境利益、[6]事业发展利益、[7]社会秩序利益、[8]弱者保护利益。[9] 当然,在所有的法律文本中,最突出的社会公共利益还是经济秩序,从表2-2中可以清晰地发现,经济秩序的规定条数在法律文本中是最多的。以《商业银行法》为例,规定经济秩序的法条达到了66条,而规定经济发展的法条只有3条,规定经济效率的法条为0条,这说明经济秩序的维护是国家干预最为重要的目标。

(三)干预方法:采用公私综合调整,以公权介入为主

在理论上,经济法国家干预的方法有多种分类方式,包括权力性与非权力性干预、直接的与间接的市场干预、正式的法律手段与非正式的法律手段干预等。在我国学界,通常认为包括公权介入和私权介入两种。前者是指国家以公权者的身份,依法对各种经济关系进行调整的措施或手段的总和,又可分为强制性调整方法和指导性调整方法;后者是指国家使用非权力的、私的手段直接介入经济生活的一种方式。下面我们就遵循这样的分类方式进

---

① 如《反垄断法》第1条、《反不正当竞争法》第1条、《价格法》第1条、《产品质量法》第11条、《广告法》第31条、《招投标法》第31条第4款、《政府采购法》第3条。

② 如《商业银行法》第1条,《银行业监督管理法》第39条,《人民银行法》第2条第2款、第3条、第31条。

③ 如《价格法》第4条、第26条,《反垄断法》第13条、第17条。

④ 如《城市房地产管理法》第1条。

⑤ 如《中小企业促进法》第1条、第25条。

⑥ 如《广告法》第9条、《政府采购法》第9条。

⑦ 如《预算法》第27条。

⑧ 如《广告法》第9条。

⑨ 如《政府采购法》第9条。

行文本考察(参见表2-3):

表2-3 干预方法

法律名称	私权介入	公权介入		法律名称	私权介入	公权介入	
		指导性调整	指令性调整			指导性调整	指令性调整
《消费者权益保护法》	—	4	1	《土地管理法》	1	9	45
《农村土地承包法》	—	13	39	《城市房地产管理法》	2	2	24
《产品质量法》	—	1	22	《中国人民银行法》	6	1	24
《食品安全法》	—	6	81	《商业银行法》	3	7	45
《农产品质量安全法》	—	2	20	《银行业监督管理法》	1	6	22
《招标投标法》	—	—	36	《反洗钱法》	—	6	13
《广告法》	—	—	41	《政府采购法》	15	9	34
《价格法》	—	2	13	《企业所得税法》	1	11	31
《反不正当竞争法》	—	1	13	《个人所得税法》	—	—	4
《反垄断法》	—	3	26	《城乡规划法》	—	2	42
《电力法》	—	6	26	《预算法》	—	2	68
《烟草专卖法》	—	2	12	《中小企业促进法》	—	18	28

统计显示,所有法律都有体现国家干预方法的条文,这说明经济法普遍采用了国家干预的方法,而且这种方法是一种综合性的调整,既包括公权介入的方法,也包括私权介入的方法。但需要指出的是,从表2-3中我们也能清楚地看到,经济法的干预方法还是以公权介入的方法为主,所有的经济法都采用了这种调整方式,而私权介入的调整方法只有7部法律采用,占所有法律的29.16%,而且全部集中在宏观调控法领域,这说明此种调整方法的适用范围相对狭窄。在经济法公权和私权介入相结合的模式中,公权介入仍占主流地位。进一步分析,在公权介入的方法里,所有法律都有指令性调整方法,其中21部法律有指导性方法,占所有法律的87.5%,这说明无论指令性

还是指导性调整方法都被普遍使用;但从条文数量上分析,二者比例悬殊,前者达到了697条,后者只有113条;从占比上讲,前者达到了86.05%,后者只有13.95%(参见图2-1)。这说明经济法的调整方法主要还是以指令性调整方法为主,体现了较强的强制性。

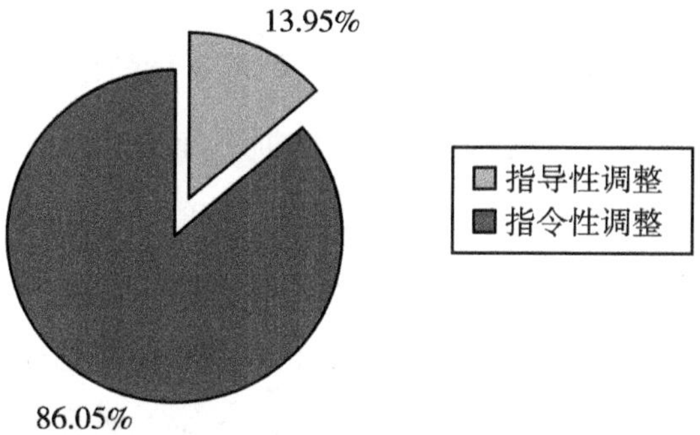

图2-1　公权介入两种干预方式:指导性调整和指令性调整的对比

从法律的具体规定来看,私权介入的方法主要有公开市场买卖、①国债制度、②民主协商、③行政合同、④国家投资、⑤政府采购,其中政府采购是经济法中最集中体现私权介入干预的一种制度,《政府采购法》也是私权介入条款数量最多的一部法律。《政府采购法》中的私权介入干预方式具体包括:委托代理、公开招标、邀请招标、竞争性谈判、单一来源采购等,并且采购人和中标的供应商通过采购合同的民事关系来确定、履行双方权利义务。⑥ 公权介入方法中的指令性方法主要有:规定干预主体应当为或不为某种行为,⑦

---

① 如《人民银行法》第23条。

② 如《人民银行法》第25条。

③ 如《企业所得税法》第42条。

④ 如《城市房地产管理法》第15条、第16条。

⑤ 如《中国人民银行法》第4条。

⑥ 如《政府采购法》第19条、第26条、第34条、第46条、第50条。

⑦ 如《人民银行法》第6条、《中小企业促进法》第50条、《城乡规划法》第3条、《反洗钱法》第14条、《消费者权益保护法》第30条等。

规定市场主体应当为或不为某种行为,①规定某种制度、标准或资格。② 指导性方法在形式上主要表现“ × × ×可以/有权……”“国家鼓励/引导/支持……”前者是对干预主体和市场主体的指导性规范,后者体现出强烈的政策导向。③

(四)干预边界:限权与授权相结合,严格干预的范围

经济法的国家干预不是为了取代市场机制,而是在经济自主和国家统制的临界点上所作的一种适度干预,因此法律制度的设计就必须关照干预的边界。正如前述,行政机关是国家干预最重要的主体,这就要求法律对行政机关的经济干预权持谨慎态度。衡平政府经济干预权的授予与限制,一方面要求行政部门只能在授权范围内进行干预,另一方面还要对其干预行为进行适当的限制,从而保障适度干预。所以,考察24部法律对经济干预权的设定与限制情况能较为准确认识经济法的干预边界(参见表2-4)。

表2-4 干预边界

法律名称	干预权设定	干预权限制	法律名称	干预权设定	干预权限制
《消费者权益保护法》	7	9	《土地管理法》	38	23
《农村土地承包法》	5	12	《城市房地产管理法》	26	10
《产品质量法》	23	12	《中国人民银行法》	25	22

---

① 如《企业所得税法》第3条、《反不正当竞争法》第8条、《价格法》第14条、《反垄断法》第13条、《城市房地产管理法》第17条等。

② 如《人民银行法》第16条规定法定货币,《企业所得税法》第4条规定企业所得税税率,《政府采购法》第22条规定供应商的资格,《预算法》第3条规定五级预算制度等。

③ 如《商业银行法》第3条,《城乡规划法》第10条,《反洗钱法》第18条,《反不正当竞争法》第4条,《电力法》第9条,《中小企业促进法》第9条、第18条、第26条等。

续表

法律名称	干预权设定	干预权限制	法律名称	干预权设定	干预权限制
《食品安全法》	43	36	《商业银行法》	33	11
《农产品质量安全法》	22	14	《银行业监督管理法》	34	14
《招标投标法》	17	7	《反洗钱法》	17	8
《广告法》	21	5	《政府采购法》	10	62
《价格法》	17	12	《企业所得税法》	10	—
《反不正当竞争法》	11	7	《个人所得税法》	5	—
《反垄断法》	12	22	《城乡规划法》	31	49
《电力法》	25	13	《预算法》	25	69
《烟草专卖法》	31	7	《中小企业促进法》	7	22

统计显示,24 部法律都对政府干预权的设定进行了规定,其中 22 部法律对政府干预权进行了限制性的规定,基本上做到了有授权就有限权。从法条的比例上来看,干预权设定占比为 52.6%,干预权限制占比为 47.4%,二者相对平衡,因此可以认为经济法的国家干预是授权与限权相结合的干预。进一步分析,就授权的具体方式而言,一般表现为:专门干预机构及其职权的设置,①授予干预主体许可权、核准权和处罚权等行政权,②赋予实施细则制定权,③概括性授权,④配置特殊制度以及其他方式授予干预权。⑤ 值得说明的

① 如《反垄断法》第 9 条、第 10 条,《产品质量法》第 8 条、第 18 条,《中国人民银行法》第 4 条。

② 如《烟草专卖法》第 3 条、第 12～16 条、第 21 条、第 24 条,《广告法》第 46 条、第 55 条、第 57～68 条,《商业银行法》第 3 条、第 11 条、第 19 条、第 24 条、第 25 条、第 28 条、第 73～81 条、第 83 条,《反垄断法》第 46～49 条,《反不正当竞争法》第 18～28 条,《消费者权益保护法》第 56 条,《烟草专卖法》第 28～36 条。

③ 如《烟草专卖法》第 42 条、《电力法》第 23 条、《中小企业促进法》第 10 条。

④ 如《反垄断法》第 4 条。

⑤ 如《土地管理法》第 4 条,《食品安全法》第 14 条、第 17 条、第 53 条、第 63 条,《农产品质量法》第 34 条。

是,政府干预主体被赋予经济干预职权时在用语上多采用"应当"一词,以表明其实施职权之职责性质,由此与纯粹行政权力对经济领域的强制介入区别开来。就限权的方式而言,与政府干预权设定相对应,政府干预权的限制主要有:明确政府干预主体行为要求,①设定干预权运行程序,②上级部门对下级部门的监管,③权利人之权利确认④以及规定行政机关行为规范等其他方式。⑤ 除此之外,政府干预权的限制体现在内部控制和社会监督等方面。由此可见,政府干预有严格的法律依据和范围,并且有法定的干预要求,而非任意干预。

(五)干预责任:综合设定责任形态,以行政责任为主

"当人们被赋予权力时,他们就会倾向专横。法律从一开始就设法压抑这种倾向,而就整个来说,是做得很成功的。"⑥笔者认为,之所以法律可以成功约束权力的专横,重要的原因之一就在于规定了权力持有人的法律责任,使其谨慎行事。鉴于干预主体享有公权强制力,可能在干预经济时侵犯干预受体的经济自治权利,因此干预责任的设定就显得尤为重要(参见表2-5)。

---

① 如《农产品质量安全法》第34条、《价格法》第36条。

② 一般表现为干预权行使中的形式要件。例如,《土地管理法》第68条"……应当出示土地管理监督检查证件";《反垄断法》第40条"……执法人员不得少于二人,并应当出示执法证件……"

③ 此种情形较为明显地体现在《城乡规划法》《预算法》之中,其他法律文本中表现的方式一般为上级部门对下级部门的核准、备案、审批等权力。

④ 例如,《价格法》第11条规定经营者进行价格活动中享有的自主定价权;《农村土地承包法》第5条明确农村集体经济组织成员的土地承包经营权。

⑤ 例如,《招标投标法》第4条、第6条、第12条、第38条中的"任何单位……不得……非法干预、影响评标结果";《产品质量法》第11条"任何单位和个人不得排斥非本地区或者非本系统企业生产的质量合格产品进入本地区、本系统";《价格法》第23条规定的"价格听证制度"。

⑥ [美]罗斯科·庞德:《通过法律的社会控制》,沈宗灵译,商务印书馆1984年版,第48页。

表 2-5　干预责任

法律名称	责令退还，损害赔偿；对责任人员给予行政处分（处分）	对工作人员、责任人员给予行政处分（处分）	没收违法所得，罚款；对责任人员给予行政处分（处分）	通报批评，责令改正；对责任人给予行政处分（处分）	构成犯罪的，依法追究刑事责任
《消费者权益保护法》	—	61	—	—	61
《农村土地承包法》	62、65	—	—	—	62、65
《产品质量法》	66	65、68	67	67	65、67、68
《食品安全法》	146	142、143、144、145	140	—	149
《农产品质量安全法》	—	43	—	—	53
《招标投标法》	—	63	—	62	63
《广告法》	—	72、73	—	—	72、73
《价格法》	—	46	—	45	46
《反不正当竞争法》	—	30	—	—	31
《反垄断法》	—	54	—	51	54
《电力法》	—	73	—	—	73
《烟草专卖法》	39	40	35、37	—	35、36、37、39、40
《土地管理法》	78	78、79、84	—	—	78、79、84
《城市房地产管理法》	70	64、71	—	—	71
《中国人民银行法》	48、49	48、49、50、51	—	—	48、49、50、51
《商业银行法》	—	—	—	—	—
《银行业监督管理法》	—	43	—	—	43
《反洗钱法》	—	30	—	—	33
《政府采购法》	73、79	80、81	71、72、76	71、74、75、82、83	72、76、80

续表

法律名称	责令退还,损害赔偿;对责任人员给予行政处分(处分)	对工作人员、责任人员给予行政处分(处分)	没收违法所得,罚款;对责任人员给予行政处分(处分)	通报批评,责令改正;对责任人给予行政处分(处分)	构成犯罪的,依法追究刑事责任
《企业所得税法》	—	—	—	—	—
《个人所得税法》	—	—	—	—	—
《城乡规划法》	—	—	—	58、59、60、61	—
《预算法》	—	—	95	92、93、94、95	96
《中小企业促进法》	—	57、59、60	—	—	59

从表2-5可以清晰地看出,经济法非常关注对于干预主体法律责任的规定,有21部法律都明确规定了干预责任,只有《个人所得税法》、《企业所得税法》和《商业银行法》3部法律没有相关规定。需要说明的是,这两部所得税法虽然没有专门规定干预责任,但其实这两部法律的干预责任在《税收征收管理法》中都予以了集中规定;与之相类似,《商业银行法》的干预责任其实在《银行业监督管理法》中也有规定。所以,应当讲这3部法律都有配套性干预责任的规定。总之,基本上所有的经济法都有对干预责任的规定。

进一步分析,干预责任分为5类。即(1)对工作人员、责任人员给予行政处分(处分)。(2)责令退还,损害赔偿;对责任人员给予行政处分(处分)。(3)没收违法所得,罚款;对责任人员给予行政处分(处分)。(4)通报批评,责令改正;对责任人给予行政处分(处分)。(5)构成犯罪的,依法追究刑事责任。上述干预责任的规定呈现出这样几个特征:一是干预责任是一种综合责任,包括民事、行政和刑事责任,这也与经济法责任理论强调责任的综合性是一致的;二是主要的责任形态是公权责任形态,因为只有8部法律规定了民事责任,占总数的33.3%,但有21部法律规定了行政责任,占总数的

87.50%，同时有20部法律规定了刑事责任，占总数的83.33%，这与干预主体是公权机关是相匹配的，也说明目前的国家干预主要采用的是公权干预的方式；三是最突出的具体责任是“对责任人员给予行政处分”，凡是规定了干预责任的法律都有这一责任类型，这说明干预责任主要还是针对行政机关设置的；四是干预责任有较强的实施性，因为上述的第1类责任本身是直接针对责任人的，而第2、3、4类责任一般会并处对该干预行为责任人的行政处分，第5类责任也落实到了自然人，这说明经济法对国家干预主体的责任并非仅仅指向行政机关，还落实到了具体的责任人之上，有较强的可实施性。

三、对经济法国家干预的基本评价

（一）经济法中的国家干预是一种客观存在的事实

从上述文本的考察可知，国家干预条文存在于所有的经济法之中，并且占全部法条的比例相当大。在此我们以表现“干预方法”的法条为例来进一步说明（参见表2－6）。首先，有两部法律即《农村土地承包法》和《中小企业促进法》中表现“干预方法”的法条所占比例最高，分别达到了80%和75%，这说明无论是市场规制法，还是宏观调控法，国家干预的条文都可能占到很大的比例。其次，有15部法律的国家干预条文占比超过了50%，也就是说超过一半的法律，其包含国家干预的法条占比超过五成，这说明国家干预的条文普遍较多。最后，24部法律中国家干预总的条文占到总条文的53.25%，这说明总体上国家干预的条文也比较多。毫无疑问，国家干预已经是经济法的一个非常重要的特征，也是经济法之所以成为一个独立法律部门的重要原因。因此，“经济法是国家干预经济的基本法律形式”的命题是成立的。

表 2-6 表现“干预方法”的法条占全部法律条文的比例

法律名称	公权和私权介入/%	法律名称	公权和私权介入/%
《消费者权益保护法》	7.94	《土地管理法》	63.22
《农村土地承包法》	80	《城市房地产管理法》	38.35
《产品质量法》	31.08	《中国人民银行法》	58.49
《食品安全法》	56.49	《商业银行法》	57.89
《农产品质量安全法》	39.29	《银行业监督管理法》	55.76
《招标投标法》	52.94	《反洗钱法》	51.35
《广告法》	54.67	《政府采购法》	65.90
《价格法》	31.25	《企业所得税法》	71.66
《反不正当竞争法》	43.75	《个人所得税法》	26.67
《反垄断法》	50.88	《城乡规划法》	62.86
《电力法》	42.67	《预算法》	69.31
《烟草专卖法》	32.56	《中小企业促进法》	75.41

(二)经济法中的国家干预是一种尊重市场机制的干预

具体而言,在国家干预的五个方面都体现了国家干预对市场自治的尊重。其一,在干预主体方面,经济法干预主体呈现出法定性的特点,并且在每个领域都有确定的行政机关,从而可以降低公权组织任意干预经济生活的可能性。其二,在干预目标方面,社会公共利益是干预的价值目标,而其中的经济秩序是所有法律文本中最重要的目标,这说明干预的目的不是取代市场,而是通过维护经济秩序从而发挥市场配置资源的基础作用,因此干预本身也受到市场的制约。其三,在干预方法方面,采用私权方法和公权方法并用的方式。就私权干预而言,本身就是把干预主体作为市场主体使其参与到具体的经济活动之中并通过市场行为达到干预的目的，因此遵循的是市场逻辑；就公权干预而言，指导性调整方法是指“引导”干预主体遵循市场规律参与经济活动，而指令性调整方法一方面控制干预主体在干预过程中的任意性，另一方面要求干预受体的行为符合市场秩序的要求，从而保证市场机制的运行。其四，在干预边界方面，通过授权与限权相结合来防止干预权力的滥用。正如有学者所言：“从根本上来讲，经济法是国家运用国家权力干预或者说管理经济的法，这就决定了一方面国家必须通过制定经济法来确立国家权力对经济干预的范围和规则……另一方面要通过制定经济法，建立对经济权力的制约机制，防止经济权力的滥用以及由此而带来的经济损害和破坏。”①其五，在干预责任方面，将行政、民事和刑事三种责任形态一并放在经济法中加以规定，其目的在于预防、制止、纠正、限制干预权的行使，确保干预权不被滥用，进而实现干预目标，保障市场机制的正常运作。

（三）经济法中的国家干预仍然存在一些问题

虽然经济法文本中的国家干预在总体上是合理的和有效率的，但还是存在一些问题。例如，在干预主体方面，还存在多头干预的现象，典型如《食品安全法》存在5个干预主体，②这可能导致形成“多头”监管进而演变成“无头”监管，导致干预的低效率或无效率；此外，经济法学界所重视的第三部门也没有被法律赋予相应的干预权利，从而可能形成过多的行政依赖。在干预目标方面，针对如何协调处理社会公共利益与国家利益和个人利益的关系也没有相关的规定，但这恰恰非常重要，正如有学者所言，经济法对公共利益的强调，并不是对私人利益和国家利益的漠视，而恰恰是强调对这些利益的均

---

① 李昌麒：《论马克思和恩格斯的经济法律思想及其现实意义》，载《现代法学》1991年第6期。

② 具体包括：食品安全委员会、卫生行政部门、县级以上地方人民政府、食品安全监督管理部门、其他有关部门。

衡保护。[①] 在干预方法方面，私权介入的比例太少，强制干预的比重太大，这警示着国家干预有存在过度干预的可能性，因此应当注意国家干预手段的多元化和市场化趋向。[②] 在干预边界方面，从干预主体的角度进行授权与限权，无疑可以控制干预之度，但国家干预必然对市场主体的经济自治权有所限制，因此还应当注重赋予干预受体经济自治权利，从而反向制约干预主体的不当介入，进而保障干预适度。在干预责任方面，法律文本中确定的干预主体责任条文数量较少，较为模糊；同时责任形态相对单一，以行政责任为主，缺乏创新，没有引入经济法责任的一些新型形态，如“经济法上的国家赔偿”。[③]

小　　结

经济法中的国家干预思维，是体现经济法本质的最重要的思维方法。具体而言，它是指在市场经济体制条件下，公权机关为了克服市场失灵和维护社会公共利益而对社会经济生活施加影响的一种方法。根据国家干预的内在逻辑，即谁在干预、为什么要进行干预、怎么样进行干预、干预的限度在哪里、干预的责任是什么，我们对典型经济法文本中的干预主体、干预目标、干预方法、干预边界和干预责任进行了详细地梳理和考察。典型的经济法的法律文本显示，经济法的立法遵循了国家干预思维的内在逻辑，在干预主体、干预目标、干预方法、干预边界以及干预责任五个方面都有相当数量的法律规定，这些法律规定表明经济法中的国家干预已是一种客观存在的事实，它是经济法最为重要的法律特征，已成为经济法区别于其他法律的标志，是国家

---

① 张守文：《经济法理论的重构》，人民出版社 2004 年版，第 322 页。

② 李昌麒、张波：《论经济法的国家干预观与市场调节观——对国家与市场分析范式的一种解读》，载《甘肃社会科学》2006 年第 4 期。

③ 张守文：《经济法责任理论之拓补》，载《中国法学》2003 年第 4 期。

干预思维在立法中的运用。不过需要注意的是,虽然经济法中的国家干预是尊重市场机制的干预,可以达到国家干预与经济自治的相对平衡,但当下经济法中的国家干预仍然存在一些问题,还需要进一步的完善。

第三章　社会实施思维的运行分析

在上一章里，我们对立法文本中的国家干预思维进行了实证考察，事实上，国家干预思维当然不只在立法领域存在，作为经济法最具特色的思维方法，其在经济法实施领域中也非常重要，[①]但本章所讨论的是一种相对容易被忽略的经济法实施领域中的思维方法——社会实施思维。相较于国家干预这一经济法的标志，社会实施究竟是什么，其实并没有定论。学者们虽然已经对其展开相关研究，例如，有学者从经济法的实施机制角度分析，认为仅仅依靠私人实施机制常常会发生障碍，需要结合社会实施机制以实现经济法合理的实施方案，[②]也有学者认为"经济法是19世纪末社会化的产物，作为社会化内容之一的权力社会化，使得经济法的实施有了社会实

---

① 以消费者权益保护为例，通过公权进行公共实施保护比社会实施和个人实施更为重要，参见焦海涛：《消费者权益保护法的社会实施》，载《中国工商管理研究》2015年第3期。

② 赵红梅：《经济法的私人实施与社会实施》，载《中国法学》2014年第1期。

施这一新的形式";[1]但毋庸讳言,当下学界对其认识并不清晰,因此对其运行进行分析就难以深入。鉴于此,我们拟从其源流、特征和模式三个角度入手,分别探讨经济法的社会实施是如何产生的、它具有什么样的特点,以及具体有什么样的实施方式,并通过对重庆市工商联促进中小企业融资进行实证考察,来深入分析经济法社会实施思维的实践运行。

一、经济法社会实施的源流

"世易时移,变法宜矣。譬之若良医,病万变,药亦万变",制度正如"良医"一般,其对于现实世界的反映似医与病的关系。现实世界对于社会制度的影响过程,正如制度经济学者所言,"只要原有的制度安排的社会净效益不是可供选择的制度安排中的最大一个,就是发生了制度接受者的非均衡,就产生了对新的制度服务的需求和新的制度安排的需求以及新制度服务的潜在供给"。[2] 经济法作为一种客观的社会制度而存在,其与社会生活的相互关系亦是如此。这就决定了以经济法为基础的经济法社会实施机制也受制于经济法所产生的基础。而且法律制度的具体形式也受法律的实施模式所制约,即法律的实施途径会影响到法律的制定。[3] 那么探讨法律的实施模式就不能仅停留于法律文本的具体施行上,而要讨论其背后的社会生活以及其对于具体制度的影响过程。

(一)经济法社会实施的生活之源

一般认为,市场经济的兴起并没有直接催生经济法,而是在市场经济有

---

① 王新红:《经济法的时代精神》,华龄出版社 2006 年版,第 44 页。

② 张曙光:《论制度均衡和制度变革》,载盛洪主编《现代制度经济学》(下卷),北京大学出版社 2003 年版,第 246 页。

③ [美]理查德·波斯纳:《法律的经济分析》,蒋兆康译,中国大百科全书出版社 1997 年版,第 780～782 页。

了长足发展之后,其自身无法调和的矛盾所引起的社会危机促使社会做出回应,经济法才得以产生。事实上,经济法的产生远比这要复杂得多,其中交织着多重经济与社会因素,这些因素正是决定经济法的性质以及经济法实施方式的重要内容。具体而言,封建时期的社会结构比较单一,仅是由家庭、庄园主(地主)以及国家垂直型结构而形成的魅力型权威统治。① 随着交易的频繁以及国际贸易的发展,资本主义开始萌芽,以专业化生产为标志的资本主义生产模式开始瓦解传统的社会结构。资本主义生产的专业化分工使得家庭劳动生产这一职能被剥离后并入社会,而作为传统社会结构基础的家庭则逐渐被拆解。这个过程在法律发展上的表述,就是梅因所谓的"从身份到契约"。由家庭劳动分工到社会分工的生产变革使得社会结构发生了改变,即由原来单一的垂直结构向复杂的多元结构转化。有学者将这种转化称为从封建时期的"文化秩序"向现代的"结构秩序"转变。② 社会结构秩序的转变催生了新的社会构成因素,即劳动者团体、生产者团体、消费者团体、经营者团体等互不相同但又相互重叠的利益集团。

专业化分工除了引起上述社会结构的转变外,更为直观的则是使生产工具得到改善、生产力得到提高。③ 这种改善的成效使第一次、第二次工业革命相继出现,推动了人类社会生产的极大进步。对此,马克思曾感叹道,资产阶级在它不到一百年的阶级统治中所创造的生产力,比过去一切时代创造的全部生产力还要多,还要大。但是,社会分工的高度专业化同时也限制了个人的生产行为、制约了个人能力的提高,这使社会的"弹性"变小,导致了社会对风险的抵御能力的降低。因此,一旦社会中某一个环节遭到破坏,那将是整个社会结构的灾难。事实上,历史就证明了这种灾难的可怕,1929～

① [德]马克斯·韦伯:《经济与社会》(第2卷下册),阎克文译,上海世纪出版集团2010年版,第1272～1274页。

② 张静:《法团主义》,中国社会科学出版社2005年版,第2～3页。

③ [英]亚当·斯密:《国富论》,陈星译,陕西师范大学出版社2007年版,第12～13页。

1933 年资本主义世界的经济危机,就是从金融领域开始的社会结构崩塌。需要说明的是,社会结构本身并不构成这种经济性灾难的根源,资本主义经济危机被认为是由市场自身存在的缺陷所导致的,而这种缺陷是客观的,不管社会结构如何,这种经济危机仍然存在。但是,这并不等于说社会结构与经济危机毫无关系,现代专业分工的社会以其高度系统化的结构助长了经济危机的系统性结果,在一定程度上可以说是结构决定着问题。

封建社会末期的专业化分工开启了两个向度的转变,一是社会结构从封建的文化秩序向现代的结构秩序转变;二是经济生产由封建时期的家庭生产向现代社会化生产转变。社会结构的转变生成了利益集团,经济生产的转变则限制了社会弹性。当经济生产发生问题时,社会结构就会产生一种力量对这种情况进行复归,这也符合波兰尼所建构的经济嵌含理论。[①] 对经济生产问题进行复归的力量除了国家之外,还有新生成的利益集团,这种利益集团形成的社会权利构成了经济法社会实施的基础和动力。

(二)经济法社会实施的制度之流

随着资本主义经济的发展,社会结构的变化使政治制度难以与之相适应,于是爆发了资产阶级革命。特别是在"双元革命"[②]之后,社会结构演化,因此国家权力一定程度地从社会中回撤,社会权力则作为一种治理社会问题的力量兴起。对于社会权力兴起的过程,有学者曾解释过,认为是"随着市场经济的发展,国家与社会一体化的局面逐渐被打破,与国家相对分离的民间社会和社会利益群体多元化格局逐渐形成,政府的权力与能力已难以及时地、全面地满足人民日益增长的经济与文化多样化的需要,以及参与政治、监

① [英]卡尔·波兰尼:《巨变:当代政治与经济的起源》,黄树民译,社会科学文献出版社 2013 年版,第 25 页。

② "双元革命"是一个社会学名词,是指第一次工业革命和法国大革命,"双元革命"是经济政治现代化的开端。

控国家权力的日益增长的权利要求。政府负担过重,迫使它不得不通过委托或授权,将一部分国家权力‘下放’给相关的民间社会组织行使”。[①] 笔者也赞同这一观点,认为多元化的利益集团是社会权力兴起的直接动因。我国亦不例外。有学者研究发现我国改革开放以来的市场化进程也有同样的经历,也即国家权力逐步退出而社会权力则日益兴起。因为20世纪七八十年代改革开放的社会结构重塑效果是十分明显的,国家的功能性撤离不仅限于经济领域,在社会的其他领域,政府也不复提供或者不复有能力提供统一、直接的管理与服务。[②] 很显然,社会填补政府退出空间的力量多是行业性的、群体性的组织,而且这些社会组织随着法律的完善日渐成长壮大,并在市场经济中发挥着管理、维护的作用。

伴随社会权力兴起而来的,还有法律制度的实质化。法律的实质化趋势在韦伯看来是日趋复杂的经济因素对于法律形式逻辑的突破,是一种实质理性的法律运用。[③] 法律的实质理性运用在当今的法律实施中,特别是在经济法律的实施当中尤其常见。法律的实质化趋势在破除形式理性之时也树立了一个实质理性的权威,这个权威主要是来自于经济、社会等领域当中的实践理性,诸如行业惯例、商业道德等。而把持这些领域的正好就是不同的利益集团,那么在国家权力撤出的社会领域,又被法律以实质理性的方式树立起了实践理性的权威,因此由这些利益集团实施法律也就不难理解了。这也就是为什么在现代社会里,行业协会、一些特别领域的组织对于其内部的一些事务拥有极大影响力的原因。除了在法律实质化的范围内实施法律,利益集团在关切自身利益的时候还主动地寻求利益的实现,其中最为直接的方式就是公益诉讼,当然还有行业自治、集体行动等方式。虽然通常情况下利益

① 郭道晖:《社会权力与公民社会》,凤凰传媒集团、译林出版社2009年版,第35~36页。

② 徐靖:《论法律视域下社会公权力的内涵、构成及价值》,载《中国法学》2014年第1期。

③ 参见[德]马克斯·韦伯:《经济与社会》(第2卷上册),阎克文译,上海世纪出版集团2010年版,第1019~1026页。

集团并非一个严密的社会组织，但是利益集团会以公共选择的形式提出制度需求，并且通过立法对这种制度予以供给。这一过程在行业协会、消费者协会等自治组织的成立以及美国“诉讼酬金制度”“食品安全保护制度”等制度的确定中都有体现。

二、经济法社会实施的特征

根据经济法产生的背景以及经济法所应对的问题，我们不难发现：随着社会的变迁，为了应对现代社会中结构秩序失调问题而存在的经济法，其在根源上就拥有社会实施的主体、需求与制度。结合经济法社会实施的上述要件，依据法理学对法的实施的一般认识，本书将经济法社会实施描述为：在经济法实施中，社会团体或个人联合为了实现经济法所保护的社会利益而采取的各种社会措施。① 对于经济法社会实施的概念，有三点需要说明：其一，从主体上讲，社会实施是由社会团体或个人联合等集体性主体来实施的，而公共实施则是由国家公权机关，主要是政府来实施的，私人实施则是由个人、企业等个体实施的。其二，从目的上讲，社会实施强调推动法律实现的是社会利益，公共实施强调国家利益，私人实施强调个人利益，当然，这种社会利益具有经济性。② 其三，从方法上讲，社会实施强调社会机制，典型为提起集团性公益诉讼，还包括未进入诉讼程序的一系列方式，如在法国，消费者组织通过发起消费者集体“罢买”行动来“抵制”某个有损广大消费者权益的产品或服务；③公共实施强调国家干预，通过公权对私权限制等方式进行调整；私人

① 这种界定遵循了一般法理学的认识。因为所谓法的实施，是指主体实现法律规范的活动，而法律是维护利益的，所以实现法律规范，其实就是实现法律所保护的利益。

② 经济法维护的社会利益具有经济性是因为经济法的法益目标具有经济性，具体参见李昌麒、单飞跃、甘强：《经济法与社会法关系考辨》，载《现代法学》2003 年第 5 期。

③ 参见[法]热拉尔·卡：《消费者权益保护》，姜依群译，商务印书馆 1997 年版，第 113～115 页。

实施强调个人维权,包括提起单独或共同诉讼,还包括未进入诉讼程序的一系列方式,如“自力救济”和非诉和解。当然,要深入理解社会实施思维,还需要结合经济法的产生背景以及经济法所应对的社会问题,对其特征进行分析。

(一)现代性特征

现代性是一个含义极为丰富的概念,阿多诺、哈贝马斯等大师都曾进行过讨论,但尚无明确的界定。不过,这并不影响学界对现代性这一概念的探讨和使用。与其他学科的多数学者一样,经济法学者也在社会变迁的意义上使用现代性这一概念,运用现代性来描述现代社会的新特征。有学者曾总结经济法所体现的现代性,认为经济法在精神上表现为有别于传统部门法的经济性,背景上则是立足于与传统部门法不同的市场经济和多元社会,在制度构建上则更多地体现政策性、自足性等现代性特征。① 经济法的现代性当然也决定了经济法实施的现代性,不过需要强调的是经济法社会实施对于现代性的体现则更为集中,甚至可以说经济法社会实施是经济法现代性在法律实施领域中的体现。具体而言主要包含如下几个方面:第一,经济法社会实施产生的社会基础决定了其现代性。从封建社会的文化秩序向现代的结构秩序的转变,本身就是社会变迁的范畴,亦是现代性的原初意旨,因此产生于其上的经济法实施无疑是现代性的社会实施方式。第二,经济法社会实施所应对问题的现代性。法律的实施方式对于法律形式的影响甚大,而法律所要解决的问题对于法律的实施来说则更为重要。经济法所要解决的问题是结构秩序中的一种失序问题,这一问题主要是因为经济现代化而产生的,是不同于传统的现代性问题。第三,经济法社会实施模式的现代性。由于结构秩序

① 张守文:《论经济法的现代性》,载《中国法学》2000 年第 5 期。

的背后是利益集团,因此要调节结构秩序之时就因为利益集团在社会中的协作关系而存在一种协商的调节制度,正是基于这个原因,才有了经济法社会实施中最具现代性意义的协商制度。

(二)社会性特征

社会性是经济法社会实施不同于经济法公共实施和私人实施的重要特征。经济法社会实施的社会性亦和经济法的产生背景以及经济法所要应对的问题相关联。经济法立足的结构秩序是一种社会化生产的制度产物,而且其建构的利益集团亦是一种不同于家庭的社会松散形态,在此基础上的利益诉求的实现,不管在主体、客体还是手段上都具有社会性的特征。此外,经济法所应对的社会问题是由市场的自发性、盲目性所导致的经济问题,这些问题都是会对整个社会产生影响的整体性问题,因而要求经济法的实施也需要一种整体的社会观。经济法社会实施的社会性,除了立足于上述的内在秩序之上,还表现为以下三个方面。第一,经济法社会实施主体的社会性。社会实施的主体在前文已经有所介绍,主要是指社会团体和个人联合。从社会团体来讲,它包括了行业组织、商会、消费者协会等;从个人联合来讲,由于是联合实施,所以在数量上就比较多,已经超越个体而具有了社会意义,所以主体具有社会性。第二,经济法社会实施所要实现的利益具有社会性。尽管利益都会或多或少地对社会产生影响,但是能够直接影响社会或者直接归属于社会的利益依然是可以找寻的,因此从利益的社会性这一视角来认识经济法的社会实施是可行的。利益分为私益和公益两部分,所有个人的公益合起来就是社会公共利益。① 社会公共利益由于不具有排他性,因而外部性较强,极少有人愿意主动对之进行维护。经济法社会实施所维护的利益,其实就是现

---

① 参见刘水林:《经济法是什么——经济法的法哲学反思》,载《政治与法律》2014 年第 8 期。

代社会结构秩序本身以及其中各利益集团的利益，这种利益“主要是一定领域内的特殊公共利益，是一定范围内不特定多数人所享有的共同利益”。[①]第三，经济法社会实施模式的社会性。经济法的社会实施包含多种形式，除了公益诉讼之外，还包含协商、听证、集体行动等，这些手段都与传统的公共实施和私人实施不同，具有广泛的社会性。

（三）自治性特征

自治性亦是经济法社会实施不同于传统法律实施形式的重要特征。与上面两个特征一样，经济法社会实施的自治性也源于经济法所立足的结构秩序，是由利益集团和社会权力所演化而来。从经济法所立足的社会结构秩序而言，经济法社会实施的自治性可以具体分为三个方面：第一，自发组织。对于经济法社会实施的自发性，可以从正反两个方面来认识。一方面，因为是团体性的利益，使自发组织起来推动法律实现有了组织基础和动力条件；另一方面，因为分工的专业化，其他力量难以克服专业知识所带来的障碍，因而无法通过普遍的外力实施法律的方式在分工细密化的专业领域里很好地施行法律，这种困境对于该领域内的成员来说则是极为致命的。外力实施的困境与内生的法律实施动力促使经济法实施成为一种自发的实施形式。在现实中，自发组织起来施行法律的实例不在少数，其中最为人所熟悉的就如行业协会、消费者协会等自发的社会组织。第二，自我管理。经济法的社会实施与私人实施相似，都需要一个基础性的法律实施制度。但是，与私人实施不同，社会实施多由组织推动，而这个组织多数情况下并非国家的正式单位，而是由利益集团内部自行缔结而成。这种由契约产生的社会组织在契约所赋予的社会权力范围内，对于其缔约的成员具有管理权限，这种管理多是依

① 王全兴：《经济法基础理论专题研究》，中国检察出版社2002年版，第526页。

据法律实现需求而进行设定的。第三,自我行为。经济法社会实施与私人实施相似,对于法律的施行具有一定的自主性。只是,与私人实施不同,经济法社会实施往往并非整个利益集团共同行动,因此代表利益集团的法律实施者并不能像私人那样随意决定法律实施中的决策事项,而是需要通过一定的程序形成一种集团意志,然后依据这种意志进行自我行为。

经由经济法社会实施源流与特征的分析,我们已经说明了经济法社会实施的基础和性质。在此理论基础之上,本书将结合现实生活中的法律实施现象以及当今经济法中的一些具体的法律实施模式,初步划分经济法社会实施的具体内容。

三、经济法社会实施的模式

尽管社会实施并非当前经济法实施的主流方式,但是其作为经济法实施的方式之一,在现有的法律制度和社会生活当中确定无疑地存在着。对于经济法社会实施相关的这些法律规定和社会现象,可以依据本书所遵循的逻辑进行如下分类:

(一)行业自治

随着市场经济的发展,过分深入经济的国家权力可能成为发展的阻力。一方面,社会分工的细密化与专业化致使国家对于市场秩序的维护出现了困难;另一方面,对于资源配置有强制作用的权力在发展迅速的市场中成为被滥用的风险源。在市场对政府力量的抵制过程中,国家权力在经济社会里逐渐进行功能性退出,并且将市场交由社会力量实行自我治理。行业协会就是产生于这一时期的社会自治力量。对于行业协会的自治,有学者研究发现“由于其是一个自愿民主的组织,它对自己制定的政策又进行了充分的动员,成员企业因之政策参与的频度与深度都得到了极大的提升,那么在一个得到实施对象充分讨论并进行了相对有效的利益衡平的政策必将在其实施中减少执行成本,进而实现政策的实际效果与其应然效应二者的高度契合”。[①]行业协会自治既克服了国家面对市场专业性的困境与国家权力把控的难题,也以集体决策维护集体利益的形式克服了个体对于维护集体利益的外部性问题。而且“行业协会的自治权力,实质上是一种社会契约权力,它既带有公权意义上的管制性,又带有公权的扩张性;既带有私权的自治性,又有别于私权的无序性”。[②] 因此,行业自治制度在功能上和性质上都符合社会整体利益维护的法律实施制度的条件,并且行业自治的方式并不同于传统的公共实施和私人实施,而是一种内生于经济法的社会实施模式。

行业自治作为一种社会实施模式,与本书所提出的经济法社会实施逻辑相一致。首先,就主体方面而言,行业协会作为社会组织仅是会员集体的代表,不具有国家公权性质,也不同于私权的个体,而是社会团体成员。其次,在利益方面,行业协会维护的是会员群体的利益,这种利益属于一定领域的社会利益。最后,实施法律的手段是利用协会成员所缔结的契约具体实行,因而是一种高度社会合作的形式。此外,从我国经济法的实践来看,无论是在宏观调控的法律中,还是在市场规制的法律中,行业自治已成为经济法社会实施中分量最重的一种实施方式了,因为已经存在相当数量的相关法律规定,例如,《土地管理法》的第 11 条、第 15 条,《中小企业促进法》的第 49 条,《循环经济法》的第 11 条,《反垄断法》中的第 11 条,《广告法》中的第 7 条,《价格法》中的第 17 条,《农产品质量安全法》中的第 27 条,《农村土地承包法》中的第 18 条,《食品安全法》中的第 9 条,《消费者权益保护法》中的第 36 条、第 37 条等。

---

① 鲁篱:《论行业协会自治与国家干预的互动》,载《西南民族大学学报》2006 年第 9 期。
② 陈婉玲:《经济法原理》,北京大学出版社 2011 年版,第 325 页。

（二）公益诉讼

对于公益诉讼，经济法学界已经有许多较深入的探讨。例如，有学者认为公益诉讼是“任何组织和个人根据法律授权，就侵害国家利益、社会公益的行为提起诉讼，由法院依法处理违法的司法活动”，[①]他还认为经济法中的公益诉讼主要表现为公益经济诉讼，并论证了公益经济诉讼与经济法的契合性。[②] 诉讼作为纠纷解决的最后保障，是私人实施法律的重要途径，但是在经济法中社会整体利益的侵害具有“发散性”和“易腐蚀”的特点，[③]单个的个人进行诉讼需要承担巨大的成本，而且个人诉讼后，其他被侵权人可以申请适用同一判决，从而形成正外部性。对于个人而言，这样的诉讼是得不偿失的。因此，在涉及整体利益时，鲜有受害人单独提起诉讼维权。于是，国家干预作为维护社会整体利益的力量为应对个人诉讼的外部性问题而产生。但是，国家干预也受诸多条件的限制，而且在社会权力兴起之后，法律实施的力量不再是国家和个人的二元模式，一种以社会权力为推动力量的法律实施方

---

① 颜运秋：《公益经济诉讼：经济法诉讼体系的构建》，法律出版社 2008 年版，第 51 ~ 52 页。

② 主要是因为经济法中的法律关系主体围绕利益的纷争不限于个别性和对等性；利益关系冲突具有一定的公共性、集团性和综合性；经济违法行为的后果具有社会弥散性和连锁性；损害对象具有广泛性和不特定性；波及范围呈广域性和规模性；侵害客体具有多重性（普遍不特定的市场主体利益和社会经济公益、国家利益）；违法行为性质具有复杂性和综合性。参见颜运秋：《公益经济诉讼：经济法诉讼体系的构建》，法律出版社 2008 年版，第 119 ~ 131 页。

③ 所谓发散性侵害，即某一违法或不正当行为发散性地对归属特定集体的所有成员的权利或法益形成了一致性侵害。因发散性侵害形成的法律纠纷通常被称为“集体纠纷”或“群体纠纷”，其属于社会利益冲突范畴。发散性侵害形成的损害中有相当一部分容易被受害者普遍忽略，进而其权益难以得到呵护。该损害是指：受害者为数众多，但其个别遭受的、以金钱损失衡量的损害又往往相对很小或较小，或者仅遭受到难以用金钱损失衡量的秩序性损害，以及经过长期累积未来才有可能实际显现因而因果关系不好确定的潜在性损害。这样的损害即使不被受害者所忽略，但由于单个损害与追诉成本及风险不成正比，受害者对此也通常采取理性的漠不关心态度，真正拿起法律武器，特别是提起诉讼维护自身民事权益即个体私益的人可谓凤毛麟角。故社会侵害实际形成消费者等社会公众易腐蚀权益之损害。参见赵红梅：《经济法的私人实施与社会实施》，载《中国法学》2014 年第 1 期。

式兴起，尽管这种实施方式仍然在传统框架之下进行，但是其内在的意义已然不同于传统实施模式。对此，有经济法学者赋予了其中以公益诉讼为表征的实施模式特别的意涵，认为其是具有经济法特性的公益诉讼。[①] 我们也认同这些学者的观点，而且经济法中的公益诉讼与传统法律部门中的公益诉讼的确存在不同。具体而言，前者更具有主动性、经常性的特点。主动性系指经济法中的公益诉讼是利益受损害的集体成员主动要求通过诉讼维护自己权益；经常性是指经济法中的公益诉讼是一种与普通诉讼相同的纠纷解决机制，是社会整体利益受损时通常选择的手段。此外，传统法律部门中的公益诉讼多是检察院、公益机构、组织等发起的不以经济利益为目的的诉讼，而经济法中的公益诉讼多是由代表市场主体的行业组织、团体等主体提起的具有经济性目的的诉讼。需要特别指出的是，学界一般认为公益诉讼的主体包括无利害关系的个人，[②]而经济法则特别强调公益诉讼主体是社会团体及个人联合，但不包括个人。这是经济法社会实施的逻辑使然，也是对公益诉讼立法实践的尊重，[③]因为赋予任何无直接利害关系的个人起诉权的弊端较大。[④]而经济法社会实施里的公益诉讼，社会团体和个人联合则是与诉求利益有关联的，这在一定程度上可以防止滥诉。还需要指出的是，虽然我们将其视为社会实施，却并没有强调公益诉讼是经济法独有的，事实上，它当然可以被其

---

① 郑鹏程：《论经济法制定与实施的外部性与内部化》，载《中国法学》2003 年第 5 期；孟庆瑜：《中国经济法实施问题的理论检视与思考》，载《法学杂志》2010 年第 10 期。

② 颜运秋：《公益经济诉讼：经济法诉讼体系的构建》，法律出版社 2008 年版，第 51 页；赵红梅：《经济法的私人实施与社会实施》，载《中国法学》2014 年第 1 期；焦海涛：《消费者权益保护法的社会实施》，载《中国工商管理研究》2015 年第 3 期。

③ 正如冯彦君教授所分析的，我国《民事诉讼法》仅将公益诉权主体限定为"法律规定的机关和有关组织"，并未普遍地赋予个人，这也许是符合我国国情和具有中国特色的。因为一方面，我国公民个人的公益心较为缺失，个人提起公益诉讼缺乏文化基础的有力支撑；另一方面，由于整体国民素质和法治观念尚有待进一步提高，公益诉讼也存在被滥用的可能。参见冯彦君、汤闳淼：《社会法领域适用公益诉讼之证成》，载《社会科学战线》2016 年第 7 期。

④ 主要可能带来恶意诉讼，参见王新红：《经济法纠纷司法解决机制研究》，中国法制出版社 2006 年版，第 58～59 页。

他部门法所适用。例如，冯彦君教授就充分论证了社会法领域也适用公益诉讼。①

进一步分析，经济法中的公益诉讼虽然都是以经济利益为目的的诉讼，但是因为提起诉讼的主体不同，我们可以将其分为自益性的经济法公益诉讼和他益性的经济法公益诉讼。所谓自益性的经济法公益诉讼，主要是指由诉讼利益主体所组成的团体代表、行业组织提起诉讼的形式。这些团体代表、行业组织虽然可能并非这次诉讼的直接受益者，但是其作为代表与被代表人是一个整体，因而在一定程度上可以说是代表自身利益的诉讼。对于自益公益诉讼，我国的《消费者权益保护法》第 47 条，对行业协会提起公益诉讼就作了规定。在我国司法实践中，也存在这样的公益诉讼。例如，2016 年 9 月 12 日，江苏省消费者协会就南京水务集团有限公司供用水格式合同（户表用户）约定违约金过高问题提起消费公益诉讼，该案例是全国首例针对消费领域垄断类行业提起的公益诉讼。9 月 19 日，南京市中级人民法院正式受理此案。② 除了自益性的经济法公益诉讼，还存在他益性的经济法公益诉讼类型，比如美国的集团诉讼。根据《美国联邦地区法院民事诉讼规则》第 23 条的规定，集团诉讼的当事人是集团的每一个主体，而诉讼代表人并不要求是集团成员，但是代表人须“公平、充分地保护集团成员的利益”。美国的集团诉讼就是典型的他益诉讼，这种诉讼最大的好处在于对公共物品的维护有极大的效益。美国为了激励集团诉讼，设定了一系列的制度，其中最为突出的就是前面提到的“诉讼酬金制度”。根据该制度，律师可以自行决定作为受损害集团的代表提起公益诉讼，在胜诉之后律师可以在被告的赔偿当中分得相当一部分的费用作为酬金。该制度允许律师针对一些损害社会公共利益

① 冯彦君、汤闳淼：《社会法领域适用公益诉讼之证成》，载《社会科学战线》2016 年第 7 期。

② 《省消协提起全国首例针对垄断行业消费民事公益诉讼》，载江苏工商网：http://www.jsgsj.gov.cn/baweb/show/sj/bawebFile/1858016.html，最后访问日期：2019 年 6 月 23 日。

的行为如垄断、食品安全、虚假广告等提起公益诉讼,极其有效地解决了“公用地悲剧”问题,而且还对社会整体利益的维护起到了良好的促进作用。尽管美国没有经济法的概念,而且集团诉讼也并非仅是针对本书所述的经济法问题而设计,但是这一制度所解决的问题却是我国经济法所要解决的问题之一,这事实上就构成了本书所讨论的法律实施方式之一。

(三)集体行动

公共利益的保护在经济法中有多种形式,其中一种重要的形式就是公共利益的享有主体共同通过非司法的手段实现法律权利进而维护公共利益。这种具有共同利益的主体的集体维护行为在公共选择理论中被称为“集体行动”。长期以来,鲜有学者将集体行动作为法律实施的方式加以研究,其中一个重要的原因在于集体行动的可能性问题。正如奥尔森的发现,“除非在集体成员同意分担实现集体目标所需的成本的情况下给予他们不同于共同或集团利益的独立的激励,或者除非强迫他们这么做,不然的话,如果一个大集团中的成员有理性地寻求他们的自我利益最大化,他们不会采取行动以增进他们的共同目标或集团目标”。[①] 奥尔森论证了集体行动的障碍是激励不足,而解决的办法则是实行“选择性激励”,即让参与行动的集体成员与未参与行动的集体成员在利益的分配上有差别。很显然,这种选择性激励在法律实施中很难达成,因为法律实施的环节中不可能区别对待参与的成员与未参与的成员。但是,奥尔森同时指出,这种集体行动能力的困境并不会出现在小集团之中。结合经济法利益分配的相关研究,[②]我们不难发现小团体的集体行动正好与经济法实现社会整体利益的维护方式相契合。经济法中的集

---

① [美]曼瑟尔·奥尔森:《集体行动的逻辑》,陈郁等译,上海人民出版社 1995 年版,第 3 页。

② 岳彩申、袁林:《经济法利益分配功能之解释》,载《社会科学研究》2002 年第 3 期。

团都是因为某些联系而结成的利益群体，这些群体一般都是行业性的，其规模是有限的。而这些具有发起集体行动能力的小集体正是经济法维护社会整体利益的中坚力量，因此集体行动可以成为经济法社会实施的重要方式。

需要说明的是，我们仅在经济法范围内使用集体行动这一概念，用来概括具有共同利益的经济法主体通过合法的非司法共同行为实现权利、维护共同利益的行动，如集体抵制、罢买、协商谈判等。根据集体行动维护权益的方式，可以将经济法中的集体行动分为事前协商博弈的集体行动和事后维护权益的集体行动。协商博弈的集体行动最为典型的形式是听证，这在我国现有的法律制度中已经有明确的规定，如我国《城乡规划法》的第26条、第46条、第50条、第60条以及《价格法》的第23条。听证作为一种协商博弈的集体行动制度，在现有的研究中还有学者主张在一些信息分布不均衡、责任配置难以实现的领域引入该制度，具体而言，该学者认为应当在预算法、税法、财政法等领域里引入听证程序。[①] 与协商博弈的集体行动不同，维护权益的集体行动则是一种事后的法律实现方式，维护权益的集体行动主要是受到共同侵害的主体自觉组织成集体，采取抵制、罢买、拒绝交易等形式逼迫行为人停止或者放弃损害行为的行动。此处的集体行动与公共选择学派所言的集体行动同构，只是我们这里所指的维护权益的集体行动仅限于经济法的实施范围。维护权益的集体行动在现实中也有许多案例，如美团网利用其在双边市场中的优势地位肆意定价，佣金比例从2%猛增到12%，遭到全国各地KTV经营者的集体抵制，包括西安（2015年12月）、武汉（2016年1月）、沈阳（2016年2月）、石家庄（2016年2月）以及呼和浩特（2016年4月）。[②] 同样性质的垄断事件还发生在快递行业，有新闻报道重庆、厦门、湘潭等地的快递

---

① 邢会强：《宏观调控行为的不可诉性再探》，载《法商研究》2012年第5期。

② 参见《佣金比例从2%猛增到12%，美团点评在全国各地遭商家集体抵制》，载东方资讯网：http://mini.eastday.com/a/160419203842028.html，最后访问日期：2019年6月23日。

在行业协会成立之后集体涨价，该行为因涉嫌垄断被有关部门调查，正当有行政部门展开调查之时，当地电商成立了“反涨价联盟”进行集体抵制。虽然事后快递行业的集体涨价是因为被物价部门叫停而结束，但是电商发起的抵制行动也切实地维护了其自身权益。从上述几个案例中不难看出，集体抵制行动明显不同于传统的法律实现方式，[①]对于我国的法律实现以及当事人权益的维护具有重要的作用。

四、经济法社会实施的运行考察：以重庆市工商业联合会为例[②]

正如前述，鉴于行业自治是最为重要的社会实施方式，我们拟以重庆市工商业联合会促进中小企业融资为例，来分析行业自治的运行。之所以选择这个例子，一方面是因为中小企业是市场经济的主体，在促进经济社会发展、吸纳就业、增加财政收入、扩大对外开放和保持社会稳定方面发挥着重要作用，但其融资却是一个“老大难”问题。另一方面，《中小企业促进法》对行业组织的社会服务也有明确的法律规定，例如，其第 49 条规定：中小企业的有关行业组织应当依法维护会员的合法权益，反映会员诉求，加强自律管理，为中小企业创业创新、开拓市场等提供服务。所以，这正符合社会实施的法律要求。

（一）促进中小企业融资的实践

首先，我们来考察重庆市工商业联合会对间接融资的作用。笔者曾在 2006 年对其推出的联保模式进行过调查，所谓“重庆商会联保贷款模式”，是

---

① 如果集体抵制是以损害特定竞争对手为目的，促使抵制者对被抵制者断绝供应、购买或其他交易行为，则可能构成《反垄断法》视阈中的联合抵制，这是需要警惕的。对此，我们在本书的第七章《经济法思维的限度》这部分里还有详细的分析。

② 重庆市总商会与重庆市工商业联合会实为一个单位，以下表述对二者没有刻意区分。

指为了缓解非公有制企业融资“瓶颈”，在2006年11月26日，由重庆市商业银行①与重庆市工商业联合会签署《总框架协议》，双方在系统内专门针对非公有制企业共同推出“商会联保贷款”，在遵循“逐步推进、滚动发展、长期坚持、稳健经营”原则下，重庆市商业银行将提供100亿元的信贷规模，支持全市非公有制经济发展，并逐年加大支持和投入力度。② 这种担保方式的核心是，除了由一家会员单位注入一定比例的保证金外，如果中小企业采用保证方式担保的，由商会的会长、副会长、理事单位的法定代表人提供联保。③ 这就是所谓的“商会联保贷款”。这种担保方式显然有利于中小企业获得银行的贷款，因为这些商会的会长、副会长、理事单位的法定代表人不仅拥有雄厚的资产，而且往往还拥有较高的政治地位，所以具有很强的公信力。④ 比如重庆房地产商会会长单位的法定代表人是孙某某，他是南方集团董事长，其个人资产达13亿元，⑤并在2008年1月23日当选为重庆市政协副主席，同时他本人还是重庆市工商业联合会主席。显然，由这样的自然人提供联保，银行当然易于接受。2016年11月笔者再次到重庆市工商业联合会进行跟踪调查，发现这一模式的确起到了促进中小企业融资的作用。除了重庆银行

① 现已改名为重庆银行。

② 参见《总框架协议》第二章的“合作目标”。

③ 参见《浙江商会协议》第三章第5条。

④ 从表面看，这只是一种担保方式的变化，然而正如许明月教授所指出的，担保法律制度可以分为两类：一种是基础担保制度，这种制度的目的在于保护具体交易安全，即担保交易中具体债权人的债权安全；另一种则是激励型的担保制度，这种担保制度往往与国家的经济政策相关联，它强化特定领域中债务人提供有效担保的能力，并通过提高这种能力而使特定领域获得更好的发展条件。这种制度的利用主要表现在以下几个领域：利用担保公司促进中小企业的发展；利用担保机制，推动公共工程建设；利用担保机制，促进住房的开发和房地产市场的繁荣。参见许明月：《担保法律制度中的民法与经济法——简论经济法理论研究的视野》，载朱崇实主编：《经济法理论与实务热点问题探讨——2001年全国经济法学理论研讨会论文选》，厦门大学出版社2002年版，第154~162页。

⑤ 郑三波、邓婷：《福布斯上榜富豪派出所当民警：基层民警太辛苦》，载警察网：http://www.police.com.cn/Article/xinwen/jczx/200601/5490.html? security_verify_data=313434302c393030，最后访问日期：2019年6月25日。

外,民生银行重庆分行、浦发银行重庆分行等多家商业银行均支持联保,其通过这种联保方式对中小企业发放的贷款占比达到约15%,这一规模远超预期。

其次,我们来了解重庆市工商业联合会对直接融资的作用。按照其相关负责人的说法,他们已从支持中小企业间接融资转向了间接融资和直接融资并重。具体措施包括:第一,召开融资大会,如在2014年就召开融资大会对中小企业宣传国家最新的融资政策,鼓励大家转向直接融资;第二,组织培训,已举办8次培训会,邀请理论界和实务界的相关人士对企业进行上市、发债等直接融资知识的宣讲,每次培训大约有60家企业参加;第三,协调与政府部门的关系,帮助有上市需要的企业到政府相关部门获取行政批文、协助盖章,做了大量细致工作;第四,协助选择上市辅助机构,推荐有资质和有经验的上市辅助机构,包括证券公司、律所、会计师事务所等,提高上市的效率。上述措施取得了非常好的成效。以重庆新三板上市数据为例,2014年有24家,2015年有57家,2016年上半年就有80家,增速非常之快。再如IPO,2016年上半年上报11家,而前5年总和才10家。①

最后,我们来看一个特殊的制度设计。据重庆市工商业联合会民营企业上市服务中心负责人介绍,他们在实际生活中发现,很多中小企业本来已经获得银行信贷的再次发放机会,但就是因为缺少归还银行当期贷款的资金(俗称冲贷资金),从而丧失再次借贷资金的机会,也给银行造成逾期还款,并阻碍了社会的经济发展。而企业如果向民间机构借高利贷(重庆通常是每天2‰的高息)则成本太高,并且借高利贷甚至都没有机会。于是,重庆市工商联在广泛调查和深入研究的基础上,于2015年11月向重庆市政府提交关于设立冲贷基金的建议(利息仅为每天2‱),②重庆市政府很快采纳,并责成

① 以上数据由时任重庆市工商业联合会、重庆市总商会、重庆市民营企业上市服务中心办公室副主任的黄卫江提供。

② 由时任重庆市工商业联合会、重庆市总商会、重庆市民营企业上市服务中心办公室副主任的黄卫江组织建议书写作。

重庆市中小企业发展指导局落实。[①] 重庆市中小企业发展指导局在2016年1月15日正式启动中小微企业转贷应急工作，转贷应急资金总规模暂定为5亿元，首期到位1.5亿元。初步测算，若5亿元转贷应急资金全部到位运转，全年可实现累计转贷252亿元之多。[②] 若按平均每家企业可获转贷资金500万元计算，全年可帮助5000多家企业解决续贷困难。而从实施效果来看，基本达到预期设想，2016年前三季度，重庆市转贷应急资金到位7.3亿元，合作银行16家，参与区县22个，全市成功实施转贷418家企业，转贷总额31亿元，418家企业支付转贷资金使用费约180万元，仅为社会融资成本的1.9%左右，为成功转贷的企业节约资金成本约9000万元，显著降低了企业"过桥"成本，有效防范了资金断链，同时倒逼银行改革创新，不断推出续贷金融产品，从而避免企业借民间高息获取周转资金。[③]

（二）社会实施思维的简要分析

从上述可知，重庆市总商会的确起到了克服市场失灵和补充国家干预的作用，对于重庆市中小企业的融资起到了推动作用，是一种典型的社会实施。我们可以从以下几个方面来进行分析：其一，具有信息优势。政府在促进中小企业融资时，往往难以真正了解企业的需求，而商会是企业的自治组织，因此能及时掌握信息，在信息的收集和运用方面具有优势，能有效克服信息失灵。例如，重庆市总商会对于中小企业转贷资金的需求十分了解，能及时将中小企业存在的困难告知政府并提出设立转贷基金的建议，从而有效地解决

---

① 2018年重庆市机构改革，市中小企业发展指导局并入了市经济和信息化委员会。

② 《重庆建立中小微企业转贷应急机制　首批签约5家银行》，载中华人民共和国工业和信息化部网：http://www.miit.gov.cn/n1146285/n1146352/n3054355/n3057527/n3057540/c4600624/content.html，最后访问日期：2019年6月25日。

③ 《前三季度我市转贷应急政策显著降低企业融资成本》，载重庆市人民政府网：http://www.cq.gov.cn/publicity_szxqyj/czjrsj/jr/304173，最后访问日期：2019年6月25日。

了中小企业短期融资难的问题。其二,方法多元灵活。虽然国家出台了一系列融资的政策,但要真正落实却不易。重庆市总商会采用各种措施来落实政策,例如,召开大会宣传政策,针对重庆不愿上市的企业展开有效培训,以及大量细致的日常工作,如引荐辅助企业、帮助到政府盖章等。上述行为缩短了政府与企业的间距,对二者的关系而言犹如润滑剂一般,减少了二者之间的交易成本。其三,创新性地开展工作。就重庆市总商会的"商会联保方式"而言,这是一种激励担保法律制度的创新,而转贷基金的设立建议则是金融领域的创新,这说明现代行业组织具有很强的专业性。笔者在调查时还发现,重庆市金融办不但人员少(各区县的金融办只有两个人),在专业性方面也有所欠缺,这表明行业协会管理人员的专业化程度甚至有可能超过了政府机构。

进一步分析,上述三点也分别对应了经济法社会实施的自治性、社会性和现代性的特征。就自治性而言,正如重庆市工商业联合会自我介绍中所指出的,全市工商业联合会共有会员69,945个,其中企业会员数达31,919户;行业商会178个;基层组织637个,其中乡商(分)会43个,镇街商会506个,异地商会40个,市场商会9个,开发区商会5个,其他商会34个。[①] 正因为是企业的自我组织,才能及时了解中小企业的真正需求,从而在国家与企业之间建立起沟通媒介,有助于国家与企业之间信息的双向交流。就社会性而言,重庆市总商会具有"民间性",通过多种细致入微的方法在国家与市场之间架起桥梁,有助于政策的实施、减少法律的运行成本,真正起到了"在政府管理和服务非公有制经济中的助手作用"。[②] 就现代性而言,主要体现在商会所解决问题的现代性,商会帮助企业解决融资所面临的金融法律问题,已经是非常专业和前沿性的现代性问题,而商会管理人员在法律和金融方面的

---

① 参见《重庆市工商业联合会简介》,载新渝商网:http://www.cqgcc.com.cn/Detail/88.aspx,最后访问日期:2019年6月20日。

② 同上。

创新，也突出体现了商会具有“现代性”。总之，行业协会能够积极创新，克服市场失灵和弥补政府干预的不足，是重要的经济法社会实施方式。

小　结

“法律是一套理性的技术装置，可以不断根据权宜考虑进行改造，而且没有任何神性内容。”①法律的改造者中，最为无意识的当数社会的变迁，而法律的改造也就意味着法律实施方式的改变。从上述分析可知，由专业化的现代分工所引起的社会结构的变化改造了传统的法律形式，使一些新兴的法律如经济法得以兴起。随着经济法的确立，经济法社会实施作为一种内生于经济法基础之上的实施方式也得以确立。因此，采用社会实施来解决经济法视阈的问题也成为一种经济法的思维方法。所谓经济法的社会实施思维，是指在经济法实施中，社会团体或个人联合为了实现经济法所保护的社会利益而采取的各种社会措施。经济法社会实施的产生主要源于社会结构变迁所带来的法律制度创新，它具有现代法的法律实施的特征，主要表现为现代性、社会性以及自治性三个方面，并已形成了以维护社会利益为目的的社会合作的基本模式，包含了行业自治、公益诉讼和集体行动三种方式。我们以重庆市总商会促进中小企业融资为例来分析其运行，通过考察重庆市总商会在促进中小企业融资方面所采取的具体措施，包括“重庆市商会联保”、协助民企上市、促进冲贷基金设置等，证明了这些措施属于社会实施思维中的行业自治，并且具有社会实施思维的特征。通过考察重庆市总商会近10年来社会实施思维的实践运用，可以证明经济法的社会实施的确可以克服市场失灵和弥补国家干预的不足，并能有效地促进经济社会发展。

---

① [德]马克斯·韦伯：《经济与社会》(第2卷上册)，阎克文译，上海世纪出版集团2010年版，第1032页。

第四章　经济政策思维的应用解析

经济政策思维可能是一种最容易引发争论的经济法思维方法,因为学界对于怎样认识经济法中的经济政策存在很大的争议。正如前述,有学者认为经济法与经济政策之间存在互动性、相通性、同一性等内在联系,[①]而在实践中,政策也是客观地存在于经济法律文本之中,"充当了政府与市场在经济法中的转接点,其在经济法中的存在具有普遍性"。[②] 所以,经济法具有很强的政策性。然而近年来,却有越来越多的经济法学者在批判经济法的政策性,有学者就认为正是因为经济法中的政策导致了法律的空洞化,鉴于法律的空洞化和"政策之治"产生的诸多弊端,我国当前应加快向"法律主治"的转变;[③]还有

---

① 张守文:《经济法的政策分析初探》,载《法商研究》2003年第5期。

② 单飞跃、张玮:《经济法中的政策——基于法律文本的实证分析》,载《社会科学》2012年第4期。

③ 邢会强:《中国经济法学研究的规则经济法转向》,载张守文主编:《经济法研究》(第13卷),北京大学出版社2014年版,第103~104页。

学者则明确指出在经济法中政策与法律的边界一定要恪守。[①] 因此如何界定经济政策，就成为理解经济法思维的关键。

一、经济政策思维的基本界定

如何认知经济法中的经济政策呢？我们认为，首先，应当对政策本身有所分析，这是理解经济政策的前提；其次，要对当下的主要观点进行归纳，这是对学术脉络的梳理；最后，在前述研究的基础上总结出基本的定位。

（一）关于政策的基本说明

其实对于什么是政策，学界也并没有统一的观点。西方学者的主要观点有：伍德罗·威尔逊认为，政策是由政治家即具有立法权者制定的而由行政人员执行的法律和法规；戴维·伊斯顿认为，政策是对全社会的价值作权威性地分配；拉斯韦尔与卡普兰则认为，政策是一种具有目标、价值与策略的大型计划。[②] 我国学者孙光认为，政策是国家和政党为了实现一定的总目标而确定的行为准则，它表现为对人们的利益进行分配和调节的政治措施。陈振明则认为，政策是国家机关、政党及其他政治团体在特定时期为实现或服务于一定社会政治、经济、文化目标所采取的政治行为或规定的行为准则，它是一系列谋略、法令、措施、办法、方法、条例的总称。[③] 从上述内容可知，就政策与法律的关系来讲，无论西方学者还是中国学者，都有人认同二者的一致性，这就警示我们不能简单地对经济法与政策作不同的划分。

进一步分析，虽然关于政策的含义存在较大争议，但从最一般意义上讲，

---

① 黎江虹：《寻求经济法研究的真问题》，载陈云良主编：《经济法论丛》2018 年第 1 期，社会科学文献出版社 2018 年版，第 136 页。

② 陈庆云：《公共政策分析》，中国经济出版社 1996 年版，第 2 页。

③ 陈振明：《政策科学——公共政策分析导论》，中国人民大学出版社 2003 年版，第 48 ~ 51 页。

其内涵至少应当包括四个方面：一是政策主体，任何政策都有特定的主体，政策体现了政策主体的意志；二是目标取向，一定的政策总是要实现一定的目标，具有明确的方向性；三是活动过程，包括谋略、措施、办法等一系列行为；四是行为规范，它往往表现为一种行为准则或行为规范。[①] 这为我们分析经济法中的政策提供了理论基础，有利于我们从政策的制定、目标、运用和规范等各个层面展开分析。

当然，政策可以根据不同的标准作出多种的分类。例如，根据政策的层次，它可以分为总政策、基本政策和具体政策；根据政策的内容，可以分为实体性政策和程序性政策；根据政策的手段和目标可以分为分配性政策和调控性政策；根据政策主体的不同，可以将政策分为公共政策和私人政策；另外就是根据政策所作用的领域，可以分为政治政策、经济政策和社会政策。这些分类都具有重要的意义。毫无疑问，在经济法视域中，政策主要就是指经济政策，因为经济法所作用的领域正是经济领域。

（二）当下学界的主要观点

对于经济法中的经济政策，虽然总体上学者们均认为二者具有密切的联系，但是对于如何来理解它，却是各有侧重。大体上有以下几种观点：

（1）同一说：经济政策与经济法具有同一性。这种观点认为经济政策本身就包含法律这种规范形式，因此经济政策与经济法具有同一性，也可以说经济政策就是经济法。例如，史际春教授就认为政策是法律必不可少的组成部分，正如反垄断指南之于反垄断法律、各种环境政策之于环境法律，因此从实质上讲，政策与法趋同，密不可分。[②] 这种观点实际上是从广义的角度来

---

① 陈振明：《政策科学——公共政策分析导论》，中国人民大学出版社2003年版，第50页。

② 史际春：《法的政策化与政策法治化》，载陈云良主编：《经济法论丛》2018年第1期，社会科学文献出版社2018年版，第51页、第56页。

理解经济政策，所以认为经济法就是经济政策。毫无疑问，这种观点对于捍卫经济政策在经济法中的合法性具有重要作用，但这种观点虽然强调了二者的一致性，却可能会忽略二者的区别，而实际从严格的角度来讲，二者仍然是存在区别的。①

(2)本质说：经济政策是经济法的本质属性。这种观点是将经济政策视为经济法的本质。例如，陶广峰教授就认为，经济法是一定历史阶段的产物，是国家对社会经济活动实行主动性经济政策的结果。无论国家采取积极干预的经济政策，或者采取自由主义的经济政策，其本质都是国家的社会经济意志。经济法是国家经济政策在法律层面的表现，因而也可以称之为经济政策法。② 这种观点认为经济法的本质是经济政策，突出了经济法的政策性特征，对于我们认识经济法本身具有积极意义，但对于如何处理二者关系尚有待深入。

(3)方法说：经济政策可以作为一种研究方法。这种观点认为经济政策与经济法具有共通性，因此经济政策可以作为经济法的一种研究方法。例如，张守文教授就指出，与经济法对应的政策主要是公共政策，尤其是其中的经济政策。以政策分析作为对经济法的“替代性研究”和“背景性研究”，可以发现和解决经济法本身的许多问题。从政策的主体、目标、工具、背景和实

---

① 有学者认为二者有5点区别：(1)从制定的主体和程序来看，经济法是由国家立法机关依照法定的立法程序制定的，而经济政策则是由党和各级政府依照其职权制定的。(2)从实施的方式与机关来看，经济法由司法、立法、行政机关加以实施，由国家强制力加以保障；而经济政策则由党和各级政府机关加以实施，依赖经济手段来实施。(3)从表现形式来看，经济法是由经济法律规范组成的，依照宪法制定的，具有确定性和规范性的法律条文，通过调整经济主体的权利义务关系来实现其目标；而经济政策则表现为决议、方针、指示、纲领、命令、宣言、声明等，具有指导性、原则性、号召性，但并不表现为规范性。(4)从调整的手段来看，经济法的调整具有强制性和协调性相结合的特点，通过具体明确的权利义务达到目的；而经济政策则具有特殊性与原则性相结合的特点，通过经济杠杆以及政府的直接运作——以行政指令等方式来实现目的。(5)从稳定性来看，经济法比经济政策更加具有稳定性。参见邓峰：《经济政策、经济制度和经济法的协同变迁与经济改革演进》，载《中国人民大学学报》1998年第2期。

② 陶广峰：《经济法的经济政策法本质概观》，载《现代经济探讨》2012年第8期。

效等多种维度对经济法作政策分析，都可分别在一定程度上满足经济法的立法和实施方面的需求。应根据各种政策分析方法的有效性和局限性，探索可应用于经济法研究的政策分析框架。① 这种观点无疑是一种方法论的观点，它有利于我们开放视野，从政策的角度对经济法展开深入研究，从而可以更深刻地解释和运用经济法。

从上述分析可知，经济法学者已经深刻认识到了经济政策与经济法的紧密联系，并从不同角度进行深入的解读，拓宽了我们对于经济法作为现代法的认识，打破了“政策就是政策，法律就是法律”的传统。然而，这也使部分学者对其质疑，认为经济法的政策性导致了经济法的法品质降低，因此有必要对其进行重新认知。

（三）思维方法：经济政策的基本定位

金泽良雄在探讨经济法的目的和作用时曾指出，经济法规制的目的，概括地、抽象地说，是在于从经济政策上实现社会中的社会协调的要求；而经济法意义上的经济干预，就是以人为的政策来变更和修改经济循环过程中为自身目的的干预。② 所以，经济政策在经济法调节社会经济生活时具有重要作用。正如有学者所言：“在经济法的演进过程中，经济政策起着不可忽视的重要作用，经济政策是国家或政府有意识去解决各种问题的指南，集中反映了国家在经济生活中的意志，国家通过各个不同层次的经济政策的贯彻、实施，来指导、调控或干预社会经济生活的各个方面，引导着整个国民经济和社会发展计划，实现既定的战略。”③这种对经济政策的认知，就是重在强调其对于经济发展的作用。如果在此基础上更进一步思考，我们可以认为经济政策

---

① 张守文：《经济法的政策分析初探》，载《法商研究》2003 年第 5 期。

② 参见［日］金泽良雄：《经济法概论》，满达人译，中国法制出版社 2005 年版，第 50 页。

③ 张莉莉：《我国经济法的演进模式——兼议经济法与经济政策的关系》，载《经济论坛》2005 年第 22 期。

其实是主体解决生活世界中问题时的一种思维方法,是经济法思维的一种。[①] 简言之,经济政策是实现经济法调控经济生活的一种方法。

二、经济政策思维的内在逻辑

经济政策思维这种方法的内在逻辑为:首先,经济政策是经济法的预先演习;其次,经济政策是经济法的规范表达;最后,经济政策是经济法的实施手段。

(一)经济政策是经济法的预先演习

众所周知,经济法的主要功能在于克服市场失灵,但市场缺陷的各种形式的出现具有逐步性、阶段性,是随着市场经济的产生和发展而逐步凸显的。而市场缺陷还具有多类性特点,市场失灵在微观上表现为某种产品的供求失衡,中观上表现为区域经济或产业结构的失衡,宏观上表现为总供给和总需求的失衡。[②] 这说明经济法所调整的对象具有复杂性,也决定了经济法如果要通过"法律"这一严谨的规范形式来调整,往往不能一步到位,而是需要经济政策先行,然后通过经济政策实施的效果来决定是否立法。因此,我们把这一阶段称为"经济政策先行"。此时的经济政策与经济法是不同的,它其实是作为经济法的预先演习而存在的一种政策。

(二)经济政策是经济法的规范表达

所谓的"经济政策是经济法的规范表达",其实就是我们常说的经济政

---

① 甘强:《经济法思维的构造》,载张守文主编:《经济法研究》(第19卷),北京大学出版社2017年版,第1页。

② 应飞虎:《需要干预经济关系论——一种经济法的认知模式》,载《中国法学》2001年第2期。

策法定化,也就是通过法律条文将政策直接加以规定。我们把这一阶段称为"经济政策入法",此时经济政策成为经济法的一种规范表现形态,它本身就是经济法的规则,二者合二为一,不分彼此。例如,《中国人民银行法》第2条规定:中国人民银行是中华人民共和国的中央银行。中国人民银行在国务院领导下,制定和执行货币政策,防范和化解金融风险,维护金融稳定;第3条规定:货币政策目标是保持货币币值的稳定,并以此促进经济增长。这样的政策性规范还有很多,比如"产业政策"一词出现在10部经济法法律中,使用频次为14次;"税收政策"一词出现在5部经济法法律中,使用频次为11次。[①] 它们都直接内化为法律规则了。

(三)经济政策是经济法的实施手段

所谓经济政策是经济法的实施手段,是指通过经济政策的实施来达到经济法调整经济生活的目的。我们把这一阶段称为"经济政策实施",此时的经济政策又不同于经济法,而是以政策本身作为经济法的一种调整手段。我们以上文提到的《中国人民银行法》第2条为例,要达到"防范和化解金融风险,维护金融稳定"的目标,就必须通过货币政策的实施来实现。例如,人民银行可以采用公开市场买卖的货币政策,这种公开市场买卖所达成的交易,表面看是合约关系,是一种民事行为,但人民银行与交易对手的买卖并非为其自身利益,其实际目的在于对货币流量的控制从而达到金融调控目标的实现;再如,人民银行可以采用法定存款准备金的货币政策,这种法定存款准备金的规定,从表面看是一种行政关系,是一种具体行政行为,但这种强制收取储蓄金的行为并非是普通的行政管理,仍然是为了控制货币流量,从而达到金融调控的目的。所以,经济政策的实施已成为经济法一种特殊的调整

---

① 单飞跃、张玮:《经济法中的政策——基于法律文本的实证分析》,载《社会科学》2012年第4期。

手段。

综上所述，经济政策是经济法思维的一种，是经济法实现对经济生活调控目的的一种方法。经济政策与经济法的关系不能简单地讲是同一的，或是区别的，因为它在不同的阶段是不同的。在"经济政策先行"阶段，二者是区分的；在"经济政策入法"阶段，二者是同一的；在"经济政策实施"阶段，二者又是区分的，即"区分—同一—区分"。正是这种不同的样态表现对实现经济法对经济生活的调控起到了重要的作用。

三、经济政策思维的实证考察：以银行法领域为例

下面我们以银行法领域的政策运用为例来展开实证分析，希望客观理性地认识经济政策思维。

（一）经济政策先行

诚如前述，正是由于经济法所调整对象的复杂性，往往需要政策先行，然后进行立法。这在金融领域可能更为突出，因为金融立法进路与金融活动之间是一种"行为及策略性反应"的高度循环往复过程——金融市场发生了变化，并对金融立法提出新课题，立法者进而修正立法进路，形成新的金融法律文本，从而给金融机构创造了新的激励，并带来新的不确定性；市场主体调整自身行为以适应新的规则，并将新规则运用到极致。在这周而复始的过程中，最终形成一个国家的金融立法进路。① 既然需要不停地反复试错，当然就不能一蹴而就，而政策先行就是一种行之有效的方法。通过对银行法的实证分析，我们可以发现，经济政策先行阶段具有以下几个特点：

---

① ［美］柯提斯·J.米尔霍普、［德］卡塔琳娜·皮斯托：《法律与资本主义：全球公司危机揭示的法律制度与经济发展的关系》，罗培新译，北京大学出版社2010年版，第57页。

1. 经济政策先行具有普遍性

通过见表4－1,我们不难发现这4部法律里都存在经济政策先行的现象。也就是说,经济政策先行实施,然后转化为相应的法条。例如,1983年的《国务院关于中国人民银行专门行使中央银行职能的决定》对中国人民银行作为中央银行的地位进行了规定,随后《中国人民银行法》第2条将其以法律的形式确定下来;1985年中国人民银行《关于调整部分存款、贷款利率的报告》中对于中央银行利用利率作为杠杆调整经济这一内容进行了规定,之后颁布的《中国人民银行法》在第23条对此作了专门规定,又如,《贯彻〈国务院关于当前产业政策若干要点决定〉的通知》(银发〔1989〕150号)对银行业贯彻国家产业政策进行了说明,在后来颁布的《商业银行法》第34条对商业银行依照国家产业政策开展的业务活动进行了法律层面的规定。由此可见,在银行法领域中政策先行的做法具有普遍性,虽然其他法律也会有政策先行的情况,例如家庭联产承包责任制就在宪法、物权法、农村土地承包法等法律中得到确认,①但经济法却更为普遍。

表4－1 经济政策先行数量统计

《中国人民银行法》		《银行业监督管理法》		《反洗钱法》		《商业银行法》	
政策先行数量	对应的法律条文	政策先行数量	对应的法律条文	政策先行数量	对应的法律条文	政策先行数量	对应的法律条文
1	1	4	1	2	1	1	1
1	3	4	2	5	3	2	34
15	28	6	15	2	9	3	46
1	31	1	24	—	—	—	—
4	33	—	—	—	—	—	—
14	25	—	—	—	—	—	—

① 参见《宪法》第8条、《物权法》第11章、《农村土地承包法》的相关法条。

续表

《中国人民银行法》		《银行业监督管理法》		《反洗钱法》		《商业银行法》	
政策先行数量	对应的法律条文	政策先行数量	对应的法律条文	政策先行数量	对应的法律条文	政策先行数量	对应的法律条文
5	2	—	—	—	—	—	—
9	4	—	—	—	—	—	—
2	5	—	—	—	—	—	—
8	23	—	—	—	—	—	—
2	24	—	—	—	—	—	—
合计:62	—	合计:15	—	合计:9	—	合计:6	—

2. 经济政策先行具有试错性

经济政策是经济立法的前期预演或铺垫,具有一定的试错性。以《中国人民银行法》为例,该法中先行政策数量超过8个的共有4个条文(见表4－1)。以《中国人民银行法》第23条为例,该条规定:“中国人民银行为执行货币政策,可以运用下列货币政策工具……”其中对于存款准备金、基准利率、再贴现和公开市场买卖等货币政策进行了规定。考察第23条的8个具体先行政策(见表4－2),可以发现在有关货币政策的规定被纳入法律之前,国务院及相关部门就已经出台了若干货币政策方面的规定。进一步分析这8个先行政策,从时间上看,先行政策每2～5年出台一次,并且出台的间隔时间不断缩短,这表明在将货币政策纳入法律之前,需要通过出台先行政策去试点,这充分体现出经济立法的严谨性。从数量上看,每年出台的政策数量都在不断地增加,呈现出逐年增多的趋势,例如,1983年出台的《国务院关于中国人民银行专门行使中央银行职能的决定》中首次对货币政策中的存款准备金制度进行了规定,在后面出台的政策中,关于存款准备金、再贴现利率、公开市场买卖等货币政策的规定不断丰富起来。但是,这些先行的政策并非一定能够产生积极的效果,以货币政策中的再贴现利率为例,再贴现利率主要是由中国人民银行根据市场资金供给状况进行调整，但还是“官定利率”，这就会导致再贴现利率的生成与货币市场中的其他市场利率缺乏联动性，从而降低了对票据市场供求关系变化的敏感性。① 因此，在再贴现利率纳入法律规定前，必须通过出台大量的政策与市场进行磨合。

表 4-2 《中国人民银行法》第 23 条先行政策统计

时间	政策内容	数量
1983	1. 1983 年 9 月《国务院关于中国人民银行专门行使中央银行职能的决定》中首次规定了存款准备金制度	1
1986	1. 中国人民银行金融信托投资机构资金管理暂行办法（1986 年 12 月 24 日发布） 2. 中国人民银行再贴现试行办法（1986 年 4 月 16 日）	2
1991	1. 中国人民银行关于改进和加强人民银行专项贷款管理的通知（银发〔1991〕243 号） 2. 财政部、中国人民银行《关于全面开放国债转让市场的通知》（1991）	2
1993	1. 中国人民银行关于外汇兑换券流通和使用问题的通知（1993） 2. 中国人民银行《关于人民银行分行现有再贷款可用限额及应急贷款管理的通知》（银发〔1993〕276 号） 3. 中国人民银行关于实施《金融机构缴存外币存款准备金暂行规定》的通知（银发〔1993〕79 号）	3

3. 经济政策先行具有区别性

从表 4-1 中，我们很容易发现，虽然 4 部法律都客观存在经济政策先行的现象，但先行政策的数量却并非大致相当。具体而言，《中国人民银行法》的先行政策有 62 个，《银行业监督管理法》有 15 个，《反洗钱法》有 9 个，《商业银行法》有 6 个，这说明是否需要经济政策先行，在各个法律领域仍然是存

① 朱崇实、卢炯星主编：《中国经济法学（部门法）五年研究综述》，厦门大学出版社 2014 年版，第 181 页。

在区别的。从4部法律的经济政策先行数量来看，呈现出《中国人民银行法》、《银行业监督管理法》、《反洗钱法》和《商业银行法》递减排序的现象，并且分为三个层次。第一层次的《中国人民银行法》的经济政策先行数量最多，远远超过其他3部法律，这是因为中国人民银行主要负责执行货币政策和宏观经济调控，同时这也充分说明了金融调控领域是最需要经济政策先行的；第二层次的《银行业监督管理法》和《反洗钱法》也比较重视经济政策先行，甚至有一些法条是经过4部以上的经济政策先行才确立的，这也契合了金融监管的复杂性；第三层次的《商业银行法》经济政策先行的数量最少，这是因为《商业银行法》重点规定的是银行的市场行为，主要遵循市场规律，政策性干预的需求自然较少。

（二）经济政策入法

经济政策入法后，就不再是最初意义上的政策，而成为经济法的一种法律规则了，我们把这种法律规则称为政策性规范。

1. 政策性规范客观地存在于经济法之中

对于政策性规范，有学者通过对中国60部已经制定完成的经济法方面的法律进行实证考察，发现在这60部法律中，“政策”一词在其中20部法律里共出现87次，政策在客观上已是经济法规范的一种表达形式。[①] 如果具体到银行法方面，《中国人民银行法》出现了20次，《银行业监督管理法》出现了2次，《反洗钱法》出现了1次，《商业银行法》出现了1次。我们把这种有“政策”二字的政策性规范称为“明示政策规则”。事实上，除了直接以“政策”二字来表达的政策性规范外，还有一类没有“政策”二字出现的政策性规范，这种政策性规范虽然没有“政策”字样，但实际上仍然是经济政策入法后

---

① 单飞跃、张玮：《经济法中的政策——基于法律文本的实证分析》，载《社会科学》2012年第4期。

的规范表达。例如,《银行业监督管理法》第3条中规定:银行业监督管理应当保护银行业公平竞争,提高银行业竞争能力。这条规则其实是关于竞争政策的规定。我们把这一类政策性规范称为"实质政策规则"。"明示政策规则"和"实质政策规则"共同构成了政策性规范。通过表4-3我们可以清晰地发现,4部法律之中均有政策性规范的存在。其中,《中国人民银行法》的政策性规范占到全部法律的30.8%、《银行业监督管理法》占到19.2%、《反洗钱法》占到21.6%、《商业银行法》占到11.6%,这说明政策性规范是客观存在于经济法之中的。进一步分析,除了《中国人民银行法》的"明示政策规则"比"实质政策规则"多之外,另外三部法律的"实质政策规则"均远超过"明示政策规则",这说明经济法中政策的存在不能简单地以是否有"政策"二字来加以判定,其实大多数的政策可能是以"实质政策规则"而存在的,这更进一步证明了政策性规范在经济法中存在的事实。

表4-3 政策性规范在经济法中分布

法律名称	"明示政策规则"的数量(具体条文)	"实质政策规则"的数量(具体条文)	政策性规范的合计数量	明示政策规则/实质政策规则的各自占比	政策性规范占所在法律的比例
《中国人民银行法》	11(1、2、3、4、5、6、7、12、23、28、33)	5(13、24、25、31、34)	16	68.8%/31.2%	30.8%
《银行业监督管理法》	2(2、50)	8(1、3、15、19、21、23、24、38)	10	20%/80%	19.2%
《反洗钱法》	1(34)	7(1、3、9、12、16、17、20)	8	12.5%/87.5%	21.6%
《商业银行法》	1(34)	10(1、9、31、32、33、35、38、40、43、47)	11	9.1%/90.9%	11.6%

2. 政策性规范具有丰富的语义

政策性规范语义丰富,包括目标、性质、标准、实施手段和信息指引等。[①]具体到银行法领域,主要有四种:(1)目标语义。目标语义是指政策与该经济法中的目标紧密相连,具体表现为"……的政策目标""有助于实现……的政策目标"。例如,《中国人民银行法》第9条的"货币政策目标是保持货币币值稳定,并以此促进经济增长",第3条的"货币政策的目标是保持货币币值的稳定,促进经济增长"。(2)性质语义。所谓性质语义是指以政策性质定义某种经济法主体或某些经济法制度的情形,如《银行业监督管理法》第2条的"本法所称银行业金融机构,是指……政策性银行",《反洗钱法》第34条的"本法所称金融机构,是指依法设立的从事金融业务的政策性银行……"(3)标准语义。标准语义是指政策作为法律事实过程中的参照标准或执行标准,如《商业银行法》第34条的"商业银行根据国民经济和社会发展的需要,在国家产业政策指导下开展贷款业务"。《中国人民银行法》第28条的"中国人民银行根据执行货币政策的需要,可以决定……"此处的"产业政策"和"货币政策"是指银行业金融机构在开展业务时的一种参照标准。(4)实施手段语义。一般指政策作为经济生活的具体法律手段,用以实现立法规定的促进和调控的目的,如《中国人民银行法》第23条的"中国人民银行为执行货币政策,可以运用下列货币政策工具";《中国人民银行法》第2条的"中国人民银行在国务院的领导下,制定和执行货币政策,防范和化解金融风险,维护金融稳定"。此处的"政策"就是作为一种实施手段而存在的。以上内容表明,政策性规范在银行法中有着丰富的语义,而这些不同的语义则起到不同的法律调整作用。

---

① 单飞跃、张玮:《经济法中的政策——基于法律文本的实证分析》,载《社会科学》2012年第4期。

3. 政策性规范主要表现为标准性规则

从上述内容可知，经济政策的确已经成为一种法律规范，但从其类型和语义来看，这种规范并非属于传统法的规范表现形式。传统法所强调的法律规范一定是具有假定条件、行为模式和法律后果的，具有很强的确定性，但经济法的政策性规范显然不具有这样的特点。实际上，现代法理学的研究已经表明，法律规范包括两种，一种是规范性规则，具有明确性、具体性和确定性特征；另一种则是标准性规则，具有裁量性、概括性和模糊性特征。[①] 如果我们以这样的分类来检视银行法（参见表4－4），就会发现，4部银行法的政策性规范中，《中国人民银行法》的标准性规则占比是87.5%、《银行业监督管理法》是80%、《反洗钱法》是62.5%、《商业银行法》是50%，这表明每部法律中的政策性规范，都有超过一半以上的条文是标准性规则。

表4－4　银行法中政策性规范的标准性、规范性规则条文统计

法律名称	标准性规则的具体条文	标准性规则的数量	规范性规则的具体条文	规范性规则的数量	标准性规则/规范性规则所占政策性规范的比例
《中国人民银行法》	1、2、3、4、6、12、13、23、24、25、28、31、33、34	14	5、7	2	87.5%/12.8%
《银行业监督管理法》	1、3、15、21、23、24、38、50	8	2、19	2	80%/20%
《反洗钱法》	1、9、16、20、34	5	3、12、17	3	62.5%/37.5%
《商业银行法》	1、9、31、32、34、38	6	33、35、40、43、46、47	6	50%/50%

此外，如果我们从整体上分析（参见图4－1），4部法律文本中标准性规则占所有政策性规范的比例为71.70%，接近3/4，可以说占据了大部分的比例。以上数据表明，经济法中的政策性规范主要表现为标准性规则。

① 叶明：《经济法实质化研究》，法律出版社2005年版，第67页。

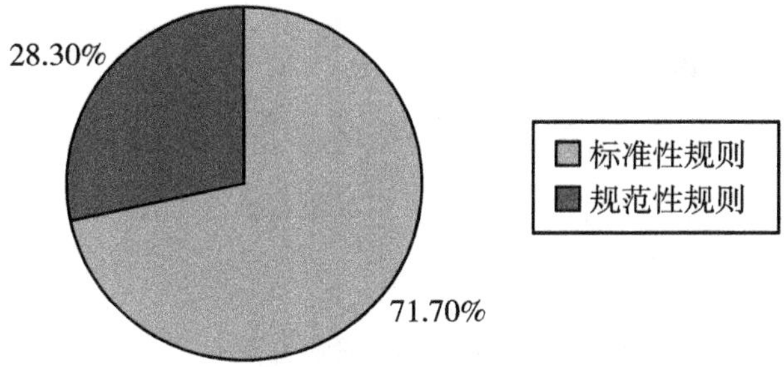

图 4-1　政策性规范中标准性规则、规范性规则所占比例

最后,需要特别说明的是,规范性规则和标准性规则都客观地存在于法律之中。前者是法律形式理性的体现,更注重"规则";后者是法律实质理性的体现,更注重"原则"。二者无所谓优劣,只是看哪一种规则表现形式对于所调整的对象更适合而已。例如,英国的《2000 年金融服务与市场法》第 5 条规定:监管机关在判断何为适当保护时,应考量下列事项:(1)不同种类之投资或其他交易所涉及之不同程度的风险;(2)不同程度或经验之消费者所可能涉及之风险;(3)消费者对建议及正确咨询之需求;以及(4)消费者自我负责之一般原则。这显然属于标准性规范。而且,在金融危机之后,英国的金融监管从"规则"立法转向了"原则"立法,这种原则性监管立法,"更多地依赖于原则并以结果为导向,以高位阶的规则用于实现监管者所要达到的目标,并较少地依赖于具体规则",①所以规范性规则不一定绝对优于标准性规则,而是各有其适用领域。②

① 刘媛:《金融领域的原则性监管方式》,载《法学家》2010 年第 3 期。

② 有学者通过研究认为在行业自律水平高、机构内部治理制度健全,且监管者与金融机构对监管目标和规则有较好沟通机制的领域,以及在金融创新和互联网领域,就应该采用原则性立法,如金融机构的公司治理、金融机构的业务经营规则、行业自治等方面的立法;而在行业自律水平低、机构内部治理健全的领域,以及监管权力极易寻租的领域则应当更偏向于规则导向立法,如金融消费者保护立法。参见王美舒:《精细化时代下金融法立法进路之抉择——基于二维框架的展开》,载张守文主编:《经济法研究》(第 19 卷),北京大学出版社 2017 年版,第 103 ~ 104 页。

（三）经济政策实施

在经济政策入法上升为政策性规范后，就进入到所谓的经济政策实施阶段。这时的政策又回归为相对于法律而言独立的政策了，成为经济法实施的一种手段。

1. 经济政策实施已成为一种常见的调整方法

正如前述，政策性规范主要是标准性规则，具有一定的原则性，因此需要经济政策的实施来落实。例如，《银行业监督管理法》第 1 条规定了“对银行业进行监督、防范和化解金融风险”的政策目标，为了实施该条规定的政策目标，有关部门一共出台了 16 个经济政策来维护金融稳定。总的来看（参见表 4－5），每一部银行法都需要经济政策的实施，其中《中国人民银行法》有 134 个实施的经济政策，《银行业监督管理法》有 52 个，《反洗钱法》有 26 个，《商业银行法》有 24 个。所以，经济政策实施已经成为一种常见的调整方法，它在每一部银行法中都有所运用。

表 4－5　经济政策的实施统计

《中国人民银行法》		《银行业监督管理法》		《反洗钱法》		《商业银行法》	
政策性规范的具体条文	实施的经济政策数量	政策性规范的具体条文	实施的经济政策数量	政策性规范的具体条文	实施的经济政策数量	政策性规范的具体条文	实施的经济政策数量
1	2	1	16	1	6	1	9
2	13	2	13	3	8	9	1
3	1	3	4	9	10	31	1
4	15	15	12	12	1	32	—
5	25	19	—	16	1	33	—

续表

《中国人民银行法》		《银行业监督管理法》		《反洗钱法》		《商业银行法》	
政策性规范的具体条文	实施的经济政策数量	政策性规范的具体条文	实施的经济政策数量	政策性规范的具体条文	实施的经济政策数量	政策性规范的具体条文	实施的经济政策数量
6	—	21	—	17	—	34	6
7	—	23	5	20	—	35	—
12	2	24	2	34	—	38	—
13	—	38	—	—	—	40	—
23	48	50	—	—	—	43	2
24	6	—	—	—	—	46	4
25	3	—	—	—	—	47	1
28	14	—	—	—	—	—	—
31	2	—	—	—	—	—	—
33	3	—	—	—	—	—	—
34	—	—	—	—	—	—	—
	合计:134	—	合计:52	—	合计:26	—	合计:24

2. 经济政策实施已成为一种重要的调整方法

首先,经济法中的多数政策性规范都需要经济政策的实施。从表4-6中,我们可以发现需要经济政策实施的政策性规范比例较高。具体而言,《中国人民银行法》有75%、《银行业监督管理法》有60%、《反洗钱法》有62.5%、《商业银行法》有58.3%,均超过了50%。此外,从整体上统计,需要经济政策实施的政策性规范占所有政策性规范的比例达到了63.6%,这表明大部分政策性规范都需要经济政策来实施,充分说明了经济政策实施的重要性。

表4-6 政策性规范中需要和不需要政策实施的统计

法律名称	需要政策实施的条文	不需要政策实施的条文	需要政策实施的条文占政策性条文比例/%
《中国人民银行法》	12	4	75
《银行业监督管理法》	6	4	60
《反洗钱法》	5	3	62.5
《商业银行法》	7	5	58.3
总计	28	16	63.6

其次,在需要经济政策实施的政策性规范中,多数的政策性规范还需要数量较大的经济政策来实施。例如,从表4-5中,我们可以看到,《中国人民银行法》第23条需要48个经济政策来实施,《银行业监督管理法》第1条需要16个经济政策,《反洗钱法》第9条需要10个经济政策,《商业银行法》第1条需要9个经济政策;显然,经济政策实施的数量较大。如果我们以每条政策性规范是否有多个(3个以上)经济政策实施为标准,那么就会发现(参见表4-7),《中国人民银行法》有58.33%以上的条文是需要多个的经济政策来实施的,《银行业监督管理法》有83.33%,《反洗钱法》有62.50%,《商业银行法》有42.85%,最少的《商业银行法》也超过1/3。而从总体上来讲,有64.28%的条文是需要多个经济法政策实施来实现的,由此可见经济政策实施的重要性。

表4-7 政策性规范中每条需超过3个以上经济政策实施的统计

法律名称	需要经济政策实施的条文数量	超过3个以上经济政策来实施的条文数量	占所有需要经济政策实施条文的比例/%
《中国人民银行法》	12	7	58.33
《银行业监督管理法》	6	5	83.33
《反洗钱法》	5	3	62.50
《商业银行法》	7	3	42.85
总计	28	18	64.28

3. 经济政策实施已成为一种常态的调整方法

例如，我们以存款准备金率的调整来说明，自《中国人民银行法》颁布以来，中国人民银行已经依法多次调整了存款准备金利率，如果我们以2007～2017年的数据展开分析（参见表4－8），可以发现在这11年间，人民银行实施了36次调整。以2007年为例，仅2007年人民银行就依法对存款准备金率进行了10次上调，根据当时的计算，2007年12月25日提高1个百分点后，就可一次性回收流动性资金近4000亿元，从而在一定程度上冲销国内过剩的流动性。

表4－8　存款准备金率调整次数

调整年份	2007	2008	2009	2010	2011	2012	2015	2016	2017
调整次数	10	10	0	5	7	2	1	1	0

此外，人民银行对存款准备金率的调整具有很强的回应性和灵活性，能针对相应的金融调控需求采取上调或下调（参见表4－9）。例如，为了抑制通胀，从2010年1月18日至2011年12月4日，采取了12次的连续上调；而为了稳定经济和补充流动性，则从2011年12月5日至2017年12月31日，共采取了5次的连续下调。

表4－9　存款准备金率调整方向

调整期间	调整方向	调整次数
2007年1月15日～2008年9月24日	上调	16
2008年9月25日～2008年10月14日	下调	1
2008年10月15日～2008年12月4日	上调	1
2008年12月5日～2010年1月17日	下调	1
2010年1月18日～2011年12月4日	上调	12
2011年12月5日～2017年12月31日	下调	5

再如，公开市场交易也是中国人民银行采用的常态调整方法。据人民银

行官方网站统计,2013 年发布的公开市场交易业务公告有 78 个,2014 年有 74 个,2015 年有 73 个,2016 年有 239 个,2017 年有 250 个。我们以 2017 年的公开市场交易公告为例,其中有 180 次逆回购操作、9 次 MLF 操作、2 次现卷买断交易、59 次不操作。这些公开市场交易积极地回应了金融市场的需求,灵活地调整了市场货币流量。比如,针对 2017 年第 239 号公告,人民银行公开市场业务操作室负责人就指出,岁末年初银行体系流动性需求较强,公开市场操作投标倍数较高,利率随行就市上行是反映市场供求的结果,同时也是市场对美联储刚刚加息的正常反应。此次央行逆回购、MLF 利率上行幅度小于市场预期,但客观上仍有利于市场主体形成合理的利率预期,避免金融机构过度加杠杆和扩张广义信贷,对控制宏观杠杆率也可起到一定的作用。① 甚至发布的不交易公告,也对宏观金融调控有积极的意义。例如,2017 年第 250 号公告指出:"目前银行体系流动性总量处于较高水平。年末财政支出进一步加大,对冲央行逆回购到期等因素后仍将继续推高银行体系流动性总量,12 月 29 日人民银行不开展公开市场操作。"这显然也传递了重要的调控信息。

总体而言,上述存款准备金率政策和公开市场交易的使用有效地控制了货币总量,实现了经济稳定增长的法定目标。由此可见,央行频繁调整存款准备金率和进行公开市场交易对金融进行调控已成为一种常态。当然,诚如前述,这种方法在法律上也具有独特性,已成为经济法的一种独特方法。

小　结

综上所述,经济政策已经成为主体解决生活世界中问题时的一种重要的

① 《人民银行公开市场业务操作室负责人就公开市场操作利率小幅上行接受〈金融时报〉记者采访》,载中国人民银行网:http://www.pbc.gov.cn/zhengcehuobisi/125207/125213/125431/125466/3440258/index.html,最后访问日期:2019 年 6 月 20 日。

方法,它是一种经济法思维方法。质言之,经济政策是实现经济法调控经济生活的一种方法。具体而言,在经济政策先行阶段,经济政策作为立法的先期预演,在此阶段,经济政策是不同于法律的独立的政策形态,而经济政策先行具有普遍性、试错性和区别性等特点;在经济政策入法阶段,经济政策本身就成为一种法律规则,此时的经济政策已经转化为一种特殊的法律规则——政策性规范,这种政策性规范客观地存在于法律之中,具有丰富的语义并且主要表现为标准性规则;而在经济政策实施阶段,经济政策又回归到独立于法律的政策形态,成为经济法的一种调整方法,这种调整方法具有常见性、重要性和常态性等特点。总之,通过对银行法领域政策的实证考察,我们可以清晰地发现经济政策思维的内在逻辑和应用绩效,充分说明了经济政策思维对于实现经济法对经济生活的调控起到了重要作用。

第五章　经济解释思维的案例剖析

诚如前述，鉴于经济法具有经济性这一重要特征，因此经济解释毫无疑问是一种重要的经济法思维方法。作为一种思维方法，经济解释主要是指主体在解决经济法领域中的法律问题时，采用经济学的基本原理，如效率、需求弹性、外部性、信息失灵等来进行综合分析，而目标是实现效率最大化。通过经济学的方法来解释法律，其实有很深的理论渊源，那就是20世纪70年代初在美国兴起的经济分析法学。经济分析法学是一种以经济学的理论和方法论来研究法律的成长、结构、效益及创新的学说，其核心的思想是效益，即以用价值最大化方式分配和使用资源为其宗旨。作为一种学术思潮，经济分析法学日益成为一种具有国际影响力的法学流派。[①] 正如庞德所指出的，在以往50年中，法学思想方面发

① 参见沈宗灵：《现代西方法理学》，北京大学出版社1992年版，第396～403页。

生了一种转向于强调经济的变化,[①]可以说,运用产权界定、交易成本、效率最大化、市场均衡等经济学原理来重新构思和设计经济法律制度已成为重要趋势,[②]经济法思维当然对此也有所反映。[③] 本章我们重点研究的是经济解释思维在经济法案件审理中的运用,因此我们选择了消费者权益保护法领域(以下简称消法领域)、反不正当竞争法领域和反垄断法领域的各一个典型案例进行个案研讨,以期较全面地认识经济法思维在司法领域的运用。

一、消法领域的案例分析:以凌某诉百老汇影院案为例[④]

(一)案件概述及争议焦点

凌某向南宁市百老汇影院(以下简称百老汇影院)购买观影充值卡,成为百老汇影院的观影会员,有效期为2008年1月至2010年3月。2009年12月21日晚,凌某持观影充值卡到百老汇影院购票观影。在凌某购买的电影票背面"观众须知"一栏载明:"为维护影院观影环境,请勿携带非影城的食品进入影厅"。此外,百老汇影院售票大厅的柜台、墙壁、大厅提示牌均载明

---

① [美]罗斯科·庞德:《通过法律的社会控制》,沈宗灵译,商务印书馆1984年版,第59页。

② 周林军:《经济规律与法律规制》,法律出版社2009年版,第4页。

③ 我们并非强调经济解释是经济法独有的,运用经济学方法可以分析其他类型的案件,如侵权案、刑事案、合同案等,但这并不影响我们将其作为一种重要的思维方法加以研究。正如笔者曾指出,经济法最为基础的范畴——社会本位,并非经济法独享,但这不妨碍其成为经济法最重要的基石性范畴。参见甘强:《经济法利益理论研究》,法律出版社2009年版,第50页。杨紫煊教授在总结其"国家协调论"时就指出:"那种认为经济法只维护社会公共利益而不维护其他利益的观点,认为只有经济法才维护社会公共利益而其他法不维护社会公共利益的观点,都是不符合实际情况的。"参见杨紫煊:《国家协调论》,北京大学出版社2009年版,第424页。再如,法的现代化是当下所有法律的一个特征,但这并不影响经济法学对其深入的研讨。参见黄茂钦:《经济法现代性研究》,法律出版社2006年版。

④ 参见南宁市中级人民法院民事判决书,(2011)南市民一终字2551号。

“谢绝外带食品、饮料”“请勿在院内进食非本院小卖部的食品”。购票后，凌某携带在百老汇影院外购买的餐包、蛋糕、泡芙、黑芝麻糊、西红柿和鸡块等食品准备入场观影时，被百老汇影院工作人员拦下，工作人员称不准携带非影城销售的食品入场，并建议凌某将食品暂时寄存在百老汇影院处，待观影后再领取。凌某不同意百老汇影院工作人员的提议，双方为此发生争执。在电影播放20分钟后，凌某按百老汇影院要求寄存食品后入场观影。事后凌某将百老汇影院诉至南宁市青秀区人民法院。

原告凌某认为：第一，双方建立服务合同关系之时，双方对影院是否允许凌某外带食品进入影城未达成意思表示一致，事后也未对此进行补充约定。因此百老汇影院在凌某购买观影卡后单方面作出限制凌某权利的规定，对凌某无法律上的约束力。第二，百老汇影院关于谢绝外带食品进入影院观影的规定，系通过格式条款、店堂告示等方式强加给消费者，违反了法律的强制性规定，其内容当属无效。① 第三，百老汇影院拒绝凌某自带食品进入影厅的行为是违约行为，应当承担违约责任。百老汇影院拒绝凌某自带食品进入影厅致使凌某无法正常观影，违反了观影服务合同义务，应当赔偿因其违约行为给凌某造成的损失。

被告百老汇影院认为：第一，凌某知晓并认可了百老汇影院关于谢绝外带食品的规定，因为电影票背面有说明，而且柜台、大厅等处均有明显标示。而且，在发生纠纷之前，凌某也曾多次到百老汇影院观影，应对此规定知情。第二，谢绝外带食品没有侵害凌某的利益，而是为了维护更多消费者的权益。百老汇影院出售的食品是不影响其他消费者观影的食品类别。谢绝外带食品的规定符合行业行规，法律没有强制性规定禁止影院制定自己的经营规

---

① 当时的《消费者权益保护法》第24条规定：“经营者不得以格式合同、通知、声明、店堂告示等方式作出对消费者不公平、不合理的规定，或者减轻、免除其损害消费者合法权益应当承担的民事责任。格式合同、通知、声明、店堂告示等含有前款所列内容的，其内容无效。”

则,所以凌某认为这一规定违反了相关法律是没有依据的。第三,百老汇影院在本案中没有违约行为,百老汇影院只是履行了自己的职能,维护其他消费者正常观影的权益,保障其他消费者能够在高服务、高质量的环境下观影。

从上述分析可以看出,本案争议的焦点在于:百老汇影院是否有权拒绝消费者外带食品进入影厅观影。

(二)本案审理的基本情况

一审法院认为:第一,凌某向百老汇影院购买观影充值卡,成为百老汇影院的观影会员,双方之间的服务合同成立并生效。百老汇影院在其经营的影城的售票处、大堂以及电影票上均以醒目方式提示消费者,该影城禁止消费者携带外购食品、饮料入场观看影片,百老汇影院已履行其告知的义务,凌某对此已知晓。凌某也多次在百老汇观影,对于以上提示是充分了解的,他作为消费者的知情权已得到实现。凌某知晓前述约定并自愿购买百老汇影院的充值卡进行消费,双方就此达成合意,该约定已成为双方服务合同的内容。第二,至于该约定是否有效,应从该约定是否违反法律禁止性规定或侵害消费者合法权益等方面进行判断。从现有的法律法规来看,该约定并未违反法律法规的禁止性规定。是否侵害消费者合法权益应从是否构成强迫交易、损害消费者选择的权利等方面进行判断,具体指经营方是否利用其行业的垄断或强势地位迫使消费者在违背其真实意愿情况下,按照经营者设定的条件进行交易。从南宁市目前的电影服务企业来看,各电影服务企业的硬件环境、规模、服务水平各不相同,形成多层次的竞争格局。硬件环境、规模、服务水平上与百老汇影院相当的同类影城在本市还有数家,百老汇影院不存在垄断经营的情况。南宁市的其他电影服务企业并未对消费者观看电影时携带外购食品、饮料进行限制,消费者自带食品、饮料观看电影的消费方式完全可以得到实现。百老汇影院将禁止外带食品、饮料作为其服务合同的内容,在其明确告知消费者的情况下,可能存在利益失衡,但并没有强迫消费者选择自己的商品,消费者完全能够通过选择其他电影服务企业避免这种利益失衡给自己造成的损失。根据上述理由,一审法院认为百老汇影院不同意凌某携带外购食品、饮料入场观影的行为符合双方的约定,不违反法律规定,合法有效。凌某违反了上述约定,因此造成的损失应由其承担,故对于凌某的诉请,法院不予支持。

一审过后凌某不服上述判决,上诉至南宁市中级人民法院,经二审法院审理,判决驳回上诉,维持原判。

(三)经济解释思维的运用:竞争秩序与外部性理论的引入

凌某诉百老汇影院案是一个典型的消费者争议案件,在这个案件当中,法官的判决并没有引用传统法关于格式合同的规定,而是对百老汇影院所处的竞争格局进行了考察,以此判定百老汇影院是否具有强迫交易的基础。法院的判决尊重了电影服务市场的竞争,其对于法律适用的解释更是直接运用了经济学理论,是一个典型的经济解释。

1. 不具有垄断地位的百老汇影院不妨碍凌某的选择权

凌某诉百老汇影院一案当中,法院否定凌某关于百老汇影院构成当时的《消费者权益保护法》第 24 条所规定行为的主张,即经营者通过格式合同、店堂告示等形式排除消费者权利,或者免除自己应承担的赔偿责任的,当属无效。其中一个重要的理由就是,百老汇影院禁止外带食品的条款并没有形成对于消费者选择权的限制。法院认为限制消费者的选择权需要经营者形成垄断地位,并且强迫消费者依其交易条件进行交易。在此前提之下,法院考察了南宁市电影服务企业的竞争市场情况,认为南宁市的电影服务市场形成了高低不同的竞争格局,百老汇影院禁止外带食品的规定并非在市场垄断的条件下作出,其并没有强迫交易的意图,不应当将其行为认定为限制消费者选择权。法院否定当时《消费者权益保护法》第 24 条所适用的理由，实质上是关于百老汇影院所处的市场竞争秩序的判断，这一判断也是对第 24 条的法律解释。

一般来讲，传统法律思维根据“三段论”的法律推理方法来审理案件，作为大前提的法律规范（一般）要适用于案件事实（具体），需要一个涵摄过程，即作为大前提的法律规范要能够涵盖作为小前提的案件事实。很显然，这个过程需要解释大前提是否能够涵盖小前提，而这个解释的过程即为法律解释。在凌某诉百老汇影院案当中，法院所作的关于当时《消费者权益保护法》第 24 条是否可以适用于百老汇影院禁止外带食品行为的判断即是法律解释。只是与传统法不同，法院的解释并不是进行文义解释、体系解释、目的解释、合宪性解释以及社会学解释，[①]而是用一种新的解释思维对之进行解释，也就是我们所称的经济解释，因为法院的解释主要是围绕案件中的竞争秩序等经济规律、经济现象进行的。在这个案件中，需要解释的法律条文是《消费者权益保护法》第 24 条，这是关于经营者与消费者之间格式条款的规定。这一规定主要涉及经营者与消费者的权利与义务问题，但是这些权利与义务的行使如何确定，却需要经济学的理论加以辅助。因此，法院在对百老汇影院的行为是否构成限制消费者选择权进行分析之时，开展了市场调查并且以此为依据进行解释。法院的解释虽然是对法律条文的解释，却因为在此过程中确定法律因素的内涵需要经济事实，从而进行了经济解释。

2. 允许凌某外带食品在百老汇影院观影会产生负外部性

凌某诉百老汇影院一案当中，法院除了从正面考察百老汇影院是否限制了消费者选择权之外，还采信了百老汇影院一方关于外带食品的主张。法院认为，百老汇影院禁止外带食品是为了保障观影质量，同时这一规定也属于

---

① 文义解释、体系解释、目的解释、合宪性解释以及社会学解释，参见梁慧星：《民法解释学》，中国政法大学出版社 1995 年版，第 214 页、第 217 页、第 226 页、第 236 页。

企业内部的管理规范。法院虽然仅认可了这一点而没有提到任何有关经济的字句,但是百老汇影院的这一理由却包含了一个重要的经济学理论,即外部性理论。[①] 相比于认为法院采信的是百老汇影院的主张,我们更相信法院采信的是关于外部性的理由。从理论上讲,当一个个体的行为给其他不相关当事人带来成本或者利益,但是该个体在作出决定时并没有将这些外部影响考虑进去时,外部性就产生了。简单地讲,就是一个生产者或消费者的活动"附带地"产生了一些好的或不好的影响,但这种影响并不由其制造者自己承担,并不增加制造者的成本或收益,而是由"外部"(其他生产者或者消费者)承担,给外部带来成本或收益。外部性可分为负外部性和正外部性,不好的影响就是负外部性,好的影响就是正外部性。在该案中,如果允许消费者凌某自带食品观影,极有可能影响到其他消费者的观影质量,从而产生负外部性。而且,更为重要的是,南宁市的电影服务行业已经形成了一个高低差异恰当的竞争格局,一些负外部性的行为可以通过价格机制进行过滤,从而引导市场资源的良好配置。

进一步分析,外部性除了可以分为正外部性和负外部性之外,还可以分为科斯外部性、马歇尔外部性和庇古外部性。其中科斯外部性是指行为方对于直接参与者的影响。[②] 科斯外部性的一个典型特征是受影响方是直接的,其损失的确定与问题的反馈都比较容易。科斯外部性的这一特征与法律规定的直接行为人责任的价值十分契合。本案中禁止外带食品的规定,正好属于科斯外部性,其直接损失和反馈都比较容易计算。此外,这一外部性条款还有契合法律规定的优势,一方面,的确是克服了单个行为人对于其他主体的影响;另一方面,该规定涉及的外部性是直接的,没有中间因素,相应的判断比较直观而不含不确定性因素。

---

① 所谓外部性就是一个经济单位的活动所产生的对其他经济单位好的或不好的影响。

② 胡石清、乌家培:《外部性的本质与分类》,载《现代财经》2011 年第 10 期。

二、反不正当竞争法领域案例分析：以加多宝诉王老吉案为例[①]

(一)案件概述及争议焦点

原告广东加多宝饮料食品有限公司(以下简称加多宝公司)经商标权人许可于1998年10月起取得“王老吉”商标的使用权,并用于其生产的红色罐装凉茶产品上。原告为推销其产品,设计了“怕上火喝王老吉”的广告语,并与其关联公司投入巨资制作了含有该广告语的广告,在全国范围内进行了持续、频繁、多种方式的宣传,使该广告语具有极高的知名度。2004年12月13日,广东省高级人民法院认定原告所生产的使用前述外包装和“王老吉”商标的凉茶产品为知名商品。2007年至2011年,加多宝公司及其关联公司生产的使用“王老吉”商标的红色罐装凉茶产品连续5年列罐装饮料市场销售额第一名。2012年5月9日,原告停止使用“王老吉”商标,并从该日起改用“加多宝”商标。广州王老吉大健康产业有限公司(以下简称王老吉公司)取得该商标后,于2012年6月3日上市销售“王老吉”商标的红色罐装凉茶产品,该产品在2012年度的销售额为17亿余元。王老吉公司为推销其产品,制作了含有“怕上火就喝王老吉”广告语的广告,并在其官方微博及被告何某经营的餐饮店进行发布。

原告加多宝公司诉称:其作为香港鸿道(集团)有限公司的全资子公司,于1995年至2012年间租用了“王老吉”注册商标并将该注册商标使用于享有外观设计专利权的红罐凉茶包装之上,并且投入了大量资金精心创作并设计广告语“怕上火喝王老吉”,使红罐凉茶具有极高的知名度。2012年5月,

① 参见重庆市第一中级人民法院民事判决书,(2012)渝一中法民初字第00777号。

中国国际贸易仲裁委员会作出最终裁决,原告加多宝公司应停止使用"王老吉"注册商标。而被告王老吉公司在中国国际贸易仲裁委员会作出裁决之后,向市场推出与原告红罐包装极为近似的"王老吉"红罐凉茶,并直接抄袭了原告使用多年的广告语"怕上火喝王老吉",已经构成不正当竞争。故请求判令:(1)被告王老吉公司立即停止使用广告语"怕上火就喝王老吉",并销毁所有含该广告语的宣传资料;(2)被告王老吉公司在其企业网站和全国性报刊上公开发表声明,消除因其不正当竞争行为给原告造成的不良影响;(3)被告何某立即在其经营场所销毁并停止使用含有广告语"怕上火就喝王老吉"的宣传标识;(4)被告王老吉公司赔偿原告经济损失 1000 万元。

被告王老吉公司辩称:原告加多宝公司系"加多宝"凉茶的经营者,并非涉案广告语的权利人。原告之前享有的"王老吉"商标使用权系授权而来,涉案广告语系原告专门为"王老吉"商标设计,故在中国国际贸易仲裁委员会裁决原告停止使用"王老吉"商标之后,涉案广告语的专属权益应当归属于商标权人即王老吉公司。同时,原告主张的 1000 万元赔偿没有法定依据,请求法院驳回原告全部诉讼请求。

被告何某辩称:涉案广告语中的"怕上火"系凉茶的功能性描述,属于合法使用该广告语,目前被告已将其经营场所的涉案广告语拆除,不存在持续侵权的情况,不应当承担责任。

本案的争议焦点是:二被告的行为是否构成不正当竞争行为。

(二)本案审理的基本情况

法院认为:首先,广告语的确立和使用,凝聚着创作者和广告主的劳动和投入。一条成功的广告语,可以让广告受众印象深刻并与特定企业或产品形成稳定的联系,从而成为具有识别性和显著性的标识,能够为使用者带来经济利益。广告语的使用虽不在《反不正当竞争法》第二章规定的行为之列,但该行为是市场竞争的一种方式，其行为秩序属于市场竞争秩序的组成部分，理应受《反不正当竞争法》的调整或规制。知名且特有的广告语，因其本身具有识别性和显著性，能够为使用人带来利益，故应当受《反不正当竞争法》保护。涉案广告语是对特定凉茶产品预防上火功能的直接表述，其产生之初并无识别性和显著性可言，但经过加多宝公司多年来持续、频繁、大范围的使用，已经具有第二含义，能够与其所指向的凉茶产品建立起稳定的联系，具有区别商品来源的显著特征，承载着极高的商品商誉，能够为该商品的经营者带来商业利益，理应受《反不正当竞争法》的保护。

其次，关于被告对涉案广告语是否享有合法利益。在知识产权领域中，设计者和使用者对其劳动成果应当享有权利是一般原则，但也有例外情形。在特定情况下，为谁设计和创作，可能成为决定该成果归属的重要因素。在确定标识利益的归属时，不仅应当考虑该标识的创作、设计和使用行为，还应当考虑设计该标识的目的和使用该标识的实际受益情况等，进而对这些相关因素进行综合评判。就本案而言，尽管涉案广告语系原告创设并使用，但该广告语是原告为定位和推销"王老吉"凉茶品牌产品而量身定做并使用的，是推广和提升"王老吉"品牌形象的重要手段。涉案广告语中，"怕上火喝×××"是产品功能定位，"王老吉"是产品指向，二者不可分割，共同构成了有机的整体。当原告不再使用"王老吉"商标后，王老吉公司作为"王老吉"商标的合法使用人，理应对为"王老吉"品牌量身定做并与"王老吉"品牌不可分割的涉案广告语享有合法利益。从另一个角度讲，本案中，加多宝公司不能再使用"王老吉"商标，无法再整体使用该广告语；如果该广告语由原告独占，则原告和王老吉公司都不能整体使用该广告语；如果让王老吉公司使用，则能最大限度地发挥该广告语的社会价值和经济效益。

再次，关于王老吉公司使用涉案广告语的主观意图。王老吉公司作为"王老吉"商标的合法使用人，其延用涉案广告语的意图显然是继续维持或深化其原有的品牌形象，并无“搭便车”、损人利己或者巧取豪夺之主观恶意，因而不具有不正当性。

最后，关于王老吉公司使用涉案广告语的行为结果。王老吉公司沿用该广告语，仍然是为了继续宣传“王老吉”品牌，不会也无法与其他品牌产品产生混淆，不会损害包括原告在内的其他经营者的合法利益，也不会产生反竞争的效果。

综上所述，王老吉公司作为“王老吉”商标的合法使用人，对“怕上火喝王老吉”广告语享有合法利益，其继续沿用“怕上火就喝王老吉”广告语在行为动机及行为结果上不具有不正当性，因而不构成不正当竞争。被告何某同意王老吉公司在其经营的酒店发布涉案广告语的行为也不构成不正当竞争。

故而，重庆市第一中级人民法院遂判决驳回加多宝公司的全部诉讼请求。加多宝公司不服，上诉至重庆市高级人民法院，二审仍判决加多宝公司败诉。①

（三）经济解释思维的运用：市场秩序及效率最大化的考量

在本案审理中，至少体现了两个明显并且典型的经济解释思维：

1. 秩序基础上的广告语竞争法益

市场秩序主要是一种内生秩序，最早由亚当·斯密所揭示，他发现“我们的晚餐并非来自屠夫、酿酒师和面包师的恩惠，而是来自于他们对自身利益

① 参见重庆市高级人民法院民事判决书，(2014)渝高法民终字第00068号。需要说明的是，虽然二审支持了一审判决，但审判思路并不相同。判决书写道：“一审判决认定事实清楚，虽然本院并不认可一审法院关于‘怕上火喝王老吉’广告语具有独立于王老吉商标的可受反不正当竞争法保护的法益以及在认定该广告语法益归属基础上论证王老吉公司使用‘怕上火就喝王老吉’广告语不构成不正当竞争的观点，但一审裁判结果正确。”在我们看来，二审法官的审理思路存在简单化思考倾向，是否恰当尚且存疑，而一审法官的思路更多体现了经济解释思维，所以我们以下的分析以一审为基础。

的关心”。[①] 斯密将个人追求自身利益促使市场形成有序配合的机制称为“无形之手”,这实际上就是市场秩序。后来,古典经济学派用需求供给理论和价格机制对市场秩序理论加以完善,使其成为西方经典的市场秩序解释理论。实际上,除了科斯发现了企业内部的资源配置问题外,[②]市场主体间的资源配置确实是遵循价格机制的秩序而运作的。以价格机制为核心的市场秩序必然会带来利益的考量以及利益的选择问题。交易机会虽然不能直接作为可交换的利益,却可以带来较多的利益交换,所以交易机会便成为市场秩序里一个重要的争夺对象。而不正当的竞争,正是对交易机会一种不正当地攫取。而不正当攫取交易机会的行为对于秩序的破坏是不言而喻的,因此需要对交易机会进行保护。

在本案中,涉案广告语因为在加多宝公司的宣传中积累了第二含义,所以形成了对宣传对象的标识,成为获取交易机会的重要手段。这也意味着涉案广告语是竞争秩序中的重要因素,如果涉案广告语不能被正当运用,那么将导致交易机会的分配出现问题。而且广告宣传与交易机会往往是同步的,所以对广告语的影响即意味着对交易机会的影响。据此,也就不难理解法院将其认定为能够给使用者带来收益的手段。此外,广告语的使用本身就是一种竞争行为,应当由《反不正当竞争法》规制,法官认为:“广告语的使用虽不在反不正当竞争法第二章规定的行为之列,但该行为是市场竞争的一种方式,其行为秩序属于市场竞争秩序的组成部分,理应受反不正当竞争法的调整或规制。”[③]因此本案中“怕上火就喝王老吉”的法益应归《反不正当竞争法》保护。

---

① [英]亚当·斯密:《国富论》,陈星译,陕西师范大学出版社2007年版,第17页。

② [美]罗纳德·科斯:《企业的性质》,载陈郁译、盛洪主编:《现代秩序经济学》,北京大学出版社2003年版,第103~116页。

③ 参见重庆市第一中级人民法院民事判决书,(2012)渝一中法民初字第00777号。

2. 经济效益最大化的广告语归属裁判

“怕上火喝王老吉”这句特殊广告语的归属是一个比较复杂的问题，如果它属于著作权作品，[①]那么依据著作权来判定其归属可能相对容易。正如有学者所分析的：“怕上火，喝王老吉”，及其片段“怕上火”“怕上火，喝×××”，著作权属于加多宝，在使用中被赋予了第二含义，取得了商业标识的独立地位，该权益当然属于加多宝公司。在双方没有特别约定的情况下，广药集团有权收回许可商标，却无权将权利延伸至加多宝公司经营期间所创造的其他知识产权。[②] 但问题是，这句广告词能否构成著作权本身是存疑的，因为特殊广告语要上升成为一种著作权，其“独创性”是关键，而这句广告语可能只是对凉茶功能、原理的高度提炼性表述。[③] 所以，法官采用了另外一种思维方法，即经济解释。判决书中指出：“如果资源是稀缺的，在不违反公平的前提下，就应当将该资源分配给能够使其价值最大化的一方，从而充分发挥该资源的价值，增进社会的福祉。本案中，原告加多宝公司不能再使用‘王老吉’商标，无法再整体使用该广告语。如果该广告语由原告独占，则原告和被告王老吉公司都不能整体使用该广告语。如果让被告王老吉公司使用，则能最大限度地发挥该广告语的社会价值和经济效益。”[④]由此可见，法院基于涉案广告语对加多宝公司以及王老吉公司的作用进行比较，发现增进一方的

---

① 特殊广告语如果系作者独立创作完成，表达一定的思想观念，并且是一种“独创性”的智力成果，那么能够成为著作权法上所称的“作品”，即应该受到著作权法的保护。在我国，特殊广告语的著作权保护也比较常见，例如，“《江西日报》，真！精！彩！”“天高几许？问真龙”“世界风采东方情”“漂亮的肌肤会说话”“疗效好才是真的好”“喝水喝出健康来”“立邦漆处处放光彩”等。参见段芸蕾、谢晓尧：《广告语：短句中的法律复杂性》，载《知识产权》2012年第12期。

② 段芸蕾、谢晓尧：《广告语：短句中的法律复杂性》，载《知识产权》2012年第12期。

③ 正因为如此，原告可能才没有主张“著作权”保护。笔者所在单位西南政法大学经济法学院曾组织经济法学科老师集体旁听本案的审理，笔者也参加了，当法官问原告：“被告是否侵犯你们著作权”时，原告律师明确答复，我们不打著作权官司，而是主张对方行为是不正当竞争行为。

④ 参见重庆市第一中级人民法院民事判决书，(2012)渝一中法民初字第00777号。

效用并不会减少另一方的效用，即存在帕累托改进的可能，[①]于是判定该广告语由王老吉公司获取。法院的判决并没有遵循知识产权的一般法理，但这并不影响法院上述判决理由的成立。因为，经济效益最大化是法律的重要目标，尤其在处于风险社会的今天，[②]由理性经济人引起的合成谬误可能带来极其不确定的结果。而且，随着科技的发展，这种不确定的结果将越来越难以承受。这从当今各国法律开始由事后责任向事前规制转化即可见一斑，具体如《食品安全法》《医疗卫生法》等部门法。当今法律治理重心的转化，预示着一个趋势的到来，即风险社会下的理性选择更倾向于历史的、集体的理性，而不是片面的个体理性。那么，本案中法院舍弃一般传统而进行经济解释，并且以经济效益最大化的要求将广告语判给了王老吉公司也就不难理解了。

此外，“怕上火就喝王老吉”已经和王老吉的商标形成了宣传手段与宣传对象的有机关系，两者的价值是相辅相成的。如果法院将广告语的归属判给加多宝公司，那么加多宝公司最多可以限制王老吉公司使用同一句广告语进行宣传，但是并不能给自身带来什么好处，相反有可能给王老吉公司带来诸多不确定性。如果判给王老吉，则可以不破坏这一机制，还可以实现经济效益的最大化。所以，经济解释的确具有合理性。

三、反垄断法领域案例分析：以锐邦诉强生案为例[③]

“锐邦诉强生案”作为我国首例纵向垄断案件，影响巨大，社会关注度极

---

① ［美］斯坦利·L.布鲁、兰迪·R.格兰特：《经济思想史》，邸晓燕等译，北京大学出版社2014年版，第357页。

② ［德］乌尔里希·贝克：《风险社会》，何博闻译，译林出版社2004年版，第14~17页。

③ 参见上海市第一中级人民法院民事判决书，(2010)沪一中民五(知)初字第169号；上海市高级人民法院民事裁判书，(2012)沪高民三(知)终字第63号。

高,并在国内反垄断诉讼历史上创造了诸多先例,如多达4万余字的"半判决半法理"的终审判决书、诉讼双方均委托经济学家向法庭提供专家意见等,这都为准确理解和适用《反垄断法》提供了示范,是"具有历史里程碑意义的判决"。[①] 我们选择对本案进行分析,是因为该案很好地体现了经济解释思维。

(一)案件概述及争议焦点

原告北京锐邦涌和科贸有限公司(以下简称锐邦公司)是被告强生(中国)医疗器材有限公司(以下简称强生中国公司)和强生(上海)医疗器材有限公司(以下简称强生上海公司)在北京地区从事缝合器及缝线产品销售业务的经销商,[②]双方之间有着长达15年的合作历史,经销合同每年一签,有效期为一年。2008年1月2日,三公司签订《2008年经销合同》,约定锐邦公司在强生中国公司、强生上海公司指定的相关区域销售爱惜康缝线部门的产品,合同期限自2008年1月1日至同年12月31日。合同附件七对锐邦公司的经销区域以及经销指标做出明确的规定;合同附件五第2条还规定,锐邦公司不得低于被告规定的产品价格进行销售。《2008年经销合同》签订后,被告强生上海公司分别于2008年1月1日、3月15日、6月30日向锐邦公司出具授权区域证明书,证明锐邦公司可以在包括人民医院在内的相关区域负责销售强生产品。2008年7月1日,被告强生上海公司致函锐邦公司,以锐邦公司于2008年3月在人民医院的竞标中私自降低销售价格、获取非授权区域的缝线经销权为由,扣除锐邦公司2万元保证金,并取消锐邦公司在中国医学科学院阜外心血管医院、北京整形医院的销售权。2008年8月15日,原告向强生上海公司发出订单要求发货,但被告直至合同期满,再也没有给

---

① 王健:《垄断协议认定与排除、限制竞争的关系研究》,载《法学》2014年第3期。

② 如果在讨论中没有刻意区分强生中国公司和强生上海公司时,则统一使用"强生公司"的称谓。

原告发货。2008 年 9 月，强生公司完全停止了缝线产品、吻合器产品的供货。2008 年 12 月，强生公司取消了锐邦公司的经销商资格。原告遂于 2010 年以被告实施的经销合同属于《反垄断法》所禁止的纵向垄断协议为由向上海市第一中级人民法院起诉，要求被告对其损失承担赔偿责任。原告一审败诉后，上诉至上海市高级人民法院，2013 年 8 月 1 日，二审宣判原告获胜。

综观两审，原被告双方的主要争议点有：第一，原告是否具有起诉资格；第二，对垄断协议的认定是否需要考量"排除、限制竞争效果"。核心争议点则在于第二点。

（二）本案审理的基本情况

在一审中，被告没有对原告起诉资格提出异议，双方的争议焦点主要是第二点。对此争议点，法官认为，对于《反垄断法》第 14 条所规定的纵向垄断协议的认定，不能仅以经营者与交易相对人是否达成了固定或者限定转售价格协议为准，而需要结合该法第 13 条第 2 款所规定的内容，即需要进一步考察此等协议是否具有排除、限制竞争效果情况，包括考察经销合同项下的产品在相关市场所占份额、相关市场的上下游竞争水平、该条款对产品供给数量和价格的影响程度等内容。综合分析后，法官认定被告实施垄断行为的事实依据不足，判决原告败诉。①

二审法院认为原告具有起诉资格，并赞同一审法官的观点，即不能仅凭销售协议本身就认定双方签订的是垄断协议，而应当考量是否存在"排除、限制竞争效果"。同时，二审法官创新性地提出了一种新的分析范式，即应当从相关市场竞争是否充分、被告市场地位是否强大、被告实施限制最低转售价格的动机、限制最低转售价格的竞争效果等 4 个方面对垄断协议的认定进行

---

① 参见上海市第一中级人民法院民事判决书，(2010)沪一中民五(知)初字第 169 号。

考量。法官在综合分析的基础上,认定本案上诉人实施的协议具有明显的限制竞争效果而不具有明显的促进竞争效果,因此认为涉案协议属于纵向垄断协议,最终判决强生公司败诉。①

(三)经济解释思维的运用:信息不对称及"实质效果衡量原则"的采用

无论一审还是二审,法官都重点从经济学的角度进行分析。下面我们根据争议点展开分析:

1. 基于"信息不对称"理论原告应当具有诉权

首先,针对第一点争议,被告认为,限制转售价格协议是由锐邦公司和自己共同订立、共同实施的,根据《反垄断法》第1条之规定,《反垄断法》保护的是市场公平竞争秩序、消费者利益和社会公共利益,并不保护垄断行为参与者、实施者的利益,因此,锐邦公司无权提起诉讼。这确实是一个非常棘手的问题。一方面,从我国法律依据来看,在相关司法解释里虽有:"本规定所称因垄断行为引发的民事纠纷案件,是指因垄断行为受到损失以及因合同内容、行业协会的章程等违反反垄断法而发生争议的自然人、法人或者其他组织,向人民法院提起的民事诉讼案件。"②但并未明确规定垄断协议的当事人是否享有诉权。另一方面,这个问题还是一个理论上的重大问题,早在100多年前就已出现在美国诉讼中,经历了诉权否定到有限诉权的历史发展过程,③欧盟现在也只是大体上采用有限诉权的观点。因此,如何判定原告是

① 参见上海市高级人民法院民事裁判书,(2012)沪高民三(知)终字第63号。另参见丁文联:《限制最低转售价格行为的司法评价》,载《法律适用》2017年第7期。

② 参见最高人民法院《关于审理因垄断行为引发的民事纠纷案件应用法律若干问题的规定》。

③ 美国第二巡回法院审理的EastmanKodakCo. v. Blackmore(1921年)和第七巡回法院审理的Tildenv. QuakerQatsCo.(1924年),即依据否定诉权原则驳回了原告的诉讼请求,禁止对不法行为负有过错或罪责的原告获得损害赔偿的救济。美国最高法院1968年审理PennaLifeMufflersInc. vInternationalPartscorp.上诉案时采用了有限诉权思想。

否有诉权是一个较困难的事情。从庭审来看,一审法院对此问题未作任何评析,而是采用默认的方法认可了原告的诉权。而二审法院则回应为:从《反垄断法》预防和制止垄断行为、保护公平竞争、维护消费者利益和社会公共利益的立法目的出发,应准许垄断协议的合同当事人提起反垄断民事诉讼。因为,合同当事人之外的利益主体(包括消费者)通常很难知道垄断协议的具体情形,如果不允许知悉内情、掌握证据的垄断协议当事人提起反垄断诉讼,制定垄断协议这种违法行为就很难受到追究。① 这种思维方法虽然提到了维护社会公共利益的目的,但核心却强调只有合同当事人才知道垄断协议的具体情形,所以合同当事人应当具有诉权。显然,这采用的是经济解释的方法,或者说的更具体一点,是运用信息理论的分析方法。我们知道,市场失灵的一个重要原因就是信息会失灵。从理论上讲,信息失灵主要表现为三个方面:其一,信息不充分,是指决策所依赖的信息在量上不足;其二,信息不对称,是指信息在交易主体之间的分布不均匀;其三,信息不准确,是指信息在质上与客观事实不一致。② 从信息的角度进行分析,受垄断协议特有的隐蔽性和公共执法机构接近信息的有限性等不利因素的影响,政府公共执法机构或受害第三人极有可能难以发现垄断协议或难以收集到有效证据,而垄断协议当事人是最了解这一违法行为的人,允许他们提起诉讼有助于及时发现垄断协议并获得相关证据。通过授予当事人有限诉权作为换取信息的措施,有利于从内部瓦解违法行为主体,再加上已有的宽恕制度,可以成为反垄断执法、司法机构实施反垄断规制的博弈筹码。③ 综上,法官的经济解释具有合理性。

2. "实质效果衡量原则"的经济学分析

其次,针对第二争议点。锐邦公司认为《反垄断法》第 13 条第 2 款规定

---

① 参见上海市高级人民法院民事裁判书,(2012)沪高民三(知)终字第63号。

② 应飞虎:《信息失灵的制度克服研究》,法律出版社2004年版,第3~5页。

③ 符颖:《纵向垄断协议的诉讼资格及证明责任》,载《交大法学》2013年第2期。

"本法所称垄断协议,是指排除、限制竞争的协议、决定或者其他协同行为"。没有确定垄断协议的构成要件。而第 13 条所规定的横向垄断协议、第 14 条所规定的纵向垄断协议都因行为目的违法而被法律明文禁止,该等协议一经签订即属于垄断协议,不需要再根据是否存在排除、限制竞争效果等情况来确定。而被告则认为,从第 13 条第 2 款的文义与逻辑看,并没有规定限定最低转售价格的协议就是垄断协议,《反垄断法》所要禁止的是具有排除、限制竞争效果的限制转售价格协议。由此可见,双方都是以法律条文的含义为标准来进行解释的,属于运用"文义解释"方法。此案判决后,有学者提出了不同观点,认为我国法律对此的相关规定与欧盟相似,比如二者都在法条中对典型的垄断协议进行了列举,都对这些明确列举的垄断协议表明了禁止的规制态度,也都允许涉嫌制定垄断协议的行为人通过适用豁免条款或豁免条例进行合法性抗辩。而我国《反垄断法》的体例是,第 13 条禁止横向垄断协议,第 14 条禁止纵向垄断协议,第 15 条则规定了豁免条款。所以,可直接认定是否为"垄断协议",无须考察是否具有"排除、限制竞争效果",如果符合豁免条件,则根据第 15 条予以豁免。[①] 显然,这是一种"体系解释"方法,是以法律条文在体系上与其他条文之关联来探求其规范意义。[②] 从上述解释进路,会得出不同的判断原则,即锐邦公司坚持本身违法原则,强生公司坚持合理原则,一些学者认为是"原则禁止、例外豁免"。而本案两审法官都采用了经济解释的思维方法,尤其是二审法官创造性地提出了"实质效果衡量原则",认为该原则既不同于美国的合理原则又不同于欧盟的"原则禁止、例外豁免"原则。[③] 二审判决书指出:本院认为,在对限制最低转售价格行为性质

① 王健:《垄断协议认定与排除、限制竞争的关系研究》,载《法学》2014 年第 3 期;李剑:《横向垄断协议法律适用的误读与澄清——评"深圳有害生物防治协会垄断案"》,载《法学》2014 年第 3 期。

② 梁慧星:《民法解释学》,中国政法大学出版社 1995 年版,第 217 页。

③ 丁文联:《限制最低转售价格行为的司法评价》,载《法律适用》2010 年第 7 期。

的分析判断中，相关市场竞争是否充分、被告市场地位是否强大、被告实施限制最低转售价格的动机、限制最低转售价格的竞争效果等四方面情况是最重要的考量因素，也是本院分析、评价限制最低转售价格行为的基本方法。而法院在具体分析每个要素时，都采用了严谨的经济解释。我们就以第一个判断因素来举例说明。在判决书里，法官首先界定了“相关市场”是中国大陆的医用缝线产品市场，采用的分析方法是需求替代性分析。法官认为，医用缝线是外科手术中用于伤口缝合的必需品，由于目前没有其他产品可以成为医用缝线的替代品，因此从需求的替代性而言，医用缝线是一种特殊的产品，可以形成独立的产品市场。另外，考虑到我国对医疗器械生产与销售采取严格的准入限制，导致境内与境外缺乏替代性，没有证据表明国内医院会选择从境外市场购买缝线产品，因此可以将本案相关地域市场界定为中国大陆市场。显然，这是通过界定相关产品市场和相关地域市场来最终确定相关市场的方法。在确定了相关市场后，法官进一步分析，因为医用缝线产品市场缺乏足够的来自买方的价格竞争动力，因此缝线产品使用者较强的品牌依赖降低了卖方的价格竞争压力，医用缝线产品市场存在较高的进入障碍，强生公司在医用缝线市场具有很强的定价能力，可以证明医用缝线市场是一个缺乏竞争的市场。由此可见，这是典型的经济解释思维的运用过程。

小　　结

经济解释思维是经济法思维的重要方法之一，它在我们研讨的三个案件中都有所应用。首先，就消费者权益保护法领域的“凌某诉南宁百老汇影院案”而言，法官并非是按照私法的思维方法来审理的，也就是说并非局限在格式合同和侵权的角度分析案件，而是从影院是否占有市场支配地位着手，进而判断消费者选择权是否真正受限，而且还从外部性理论分析自带食品对其他消费者造成的不利影响,从而论证了电影院限制外带食品的合理性。其次,就反不正当竞争法领域的"加多宝诉王老吉案"而言,对于"怕上火喝王老吉"这一特殊广告语是否受《反不正当竞争法》调整,法官是从维护市场秩序的角度来判定的,认为应当由《反不正当竞争法》规制,并没有拘泥于运用法定的反不正当竞争行为来判断;而对于这句特殊广告语的归属问题,法官是依据社会效率最大化原则来进行判定的,认为将广告语判归王老吉公司符合帕累托最优原则。最后,就反垄断法领域的"锐邦诉强生案"而言,法官首先根据信息不对称理论确定了原告具有诉讼资格,而后更是创新性地采用"实质效果衡量原则"对案涉协议是否属于垄断协议进行了需求弹性分析、价格定价机制分析、市场进入障碍分析,最终认定其违法。总之,通过以上研究,我们可以总结如下几点内容:(1)经济解释思维对于市场规制法领域的多种类型的经济法案件都具有适用性;[①](2)法官采用经济解释思维时,具体适用方法呈现出多元性,包括垄断分析、外部性、市场秩序、社会效益最大化、信息不对称理论、需求弹性等,并且已经运用得相当成熟;(3)经济解释思维对于复杂案件的审理尤其有效,例如,没有明确相关法律规定的或在适用法律时存在较大困难的案件;(4)并非所有的法官都自觉采用经济解释思维,例如,在"加多宝诉王老吉案"中,二审法官就仍然局限在传统思维之中。

---

① 本书选取了三个领域的案例进行分析。还有学者对产品质量法领域、金融法领域、企业改制领域的案件进行过经济法思维的考察,其中也含有经济解释思维。参见徐子良:《"民商事"审判中经济法思维之应用》,法律出版社 2012 年版,第 92 页、第 113 页、第 149 页。此外因为宏观调控行为是否具有可诉性的学界争论很大,参见邢会强:《宏观调控行为的不可诉性探析》,载《法商研究》2002 年第 5 期;肖顺武:《置疑宏观调控行为的可诉性》,载李昌麒主编:《经济法论坛》(第 5 卷),群众出版社 2008 年版;胡光志:《论宏观调控行为的可诉性》,载《现代法学》2008 年第 2 期;邢会强:《宏观调控行为的不可诉性再探》,载《法商研究》2012 年第 5 期。所以,经济解释思维主要应用于市场规制法领域。

第六章　规制规则思维的个案研讨

诚如前述,"规制规则"是一种重要的经济法思维方法,那么这种思维方法在实践中是如何运用的呢？鉴于"信息社会"这一时代出现后,[①]网络经济形态已经深刻地改变了我们的生活方式,但法律对这种新经济形态的治理效果却并不理想,[②]因此,我们拟对"网络团购"市场的法律治理进行个案研讨,来说明规制规则思维对我们当下"互联网＋"新经济形态治理的重要性和有效性。我们的研究思路是:首先,对规制规则实施的对象——网络团购作一个基

① 关于这一时代的名称,学者们有不同的称呼,如曼纽尔·卡斯特、马丁·威尔逊等人的"信息时代",保罗·莱文森的"数字化时代"、马克·波斯特的"第二媒介时代"、尼葛洛庞蒂的"比特的时代"和"后信息时代",以及所谓的"互联网时代"等。参见孙伟平:《信息时代的社会历史观》,凤凰出版集团、江苏人民出版社2010年版,第2页。

② 因为网络已经成为信息的基本组织机制,具有熊彼特意义上的"破坏性创新"特征,各种新的网络经济模式更是纷纷涌现,对既有法律提出了新的挑战,甚至可能导致"规制的崩溃"(regulatory disruption)。See Nathan Cortez, "Regulating Disruptive Innovation", *Berkeley Technology law Journal*, Vol. 29, No. 1, 2014, pp. 175－228.

本介绍,并梳理可能存在的法律问题;其次,针对存在的法律问题,引入规制规则思维;再次,对引入规制规则思维的必要性进行分析;最后,对规制规则思维的实现进行讨论,从而较全面地认知规制规则这一经济法思维的实践运用。

一、个案之选择:网络团购市场的法律治理

"团购"最初被视为"联盟"在政治学视角下进行研究,团购的核心在于买卖诸方利益的冲突与博弈,其在增强买方议价能力的同时也能使卖方获益,系低交易成本且富于效率的交易模式,因此目前趋于稳定发展。网络团购无疑是由传统团购模式与互联网、电子商务的结合发展而成,最早产生于美国。与传统互联网购物模式相比,网络团购新颖的消费或生活方式吸引了众多消费者的眼球,甚至汽车、商品房皆可通过团购而得。互联网极强的聚合力或整合力与团购运营模式特征的组合可谓相得益彰,新模式在运行过程中不断创新、发展和演变,最终形成现下独特的利益格局。但不容忽视的是,时下网络团购市场出现了较混乱的情况。一般来讲,团购市场以价格的相对优势来吸引消费者的广泛参与,价格战由此成为经营者获取竞争优势的惯常手段。但问题在于,过激的价格战会直接挤压该产业的利润空间,进而扭曲经营者的经营行为,这使不正当竞争行为、侵犯消费者权益等现象普遍存在。这些问题的出现以及在法律上的处理困境显现出网络团购市场传统治理方式的弊端,因此急需寻求新的法律治理方法。

(一)网络团购模式演变的简要说明

网络团购模式的演变,如果按照组织者在团购中所处的不同地位这一标准来分析,应当认为经过了三个阶段,即自发团购、网络营销团购和商业团购。

自发团购模式是最早出现的网络团购模式类型。此种模式经消费者自

发组织形成,发起人通过网络媒介将有共同购买意愿的消费者组织起来,凭借购买商品的数量规模博得商家的价格优惠,规模越大价格越低。自发组织者一般对所购买商品具有较高辨识能力和议价能力,与参团的其他消费者属利益共同体,因而消费者在该模式下占据着主导地位。但自发团购表现出明显的非规范性和偶然性等缺陷,①使时下自发团购模式近乎绝迹。

网络营销团购模式则属于由商家发起的、以低价吸引消费者的营销手段之一。经卖方通过网络媒介设定一团购周期,在一次定价或多次议价之后,满足团购成立条件则团购成功,否则团购失败,可见此种模式中组织团购的主动权在商家。这种营销方式一般建立在会员制基础之上,针对性较强,但过度依赖商家的客户忠诚度,并且其高额营销成本是中小企业望尘莫及的,这同时也限制了网络团购市场的全面发展。相应地,商品和服务的种类被局限在特定范围,不能满足消费者多样化的团购需求。

目前,由商业网站提供第三方服务平台的网络团购模式即商业团购模式最为流行。团购网站可以仅充当信息中介的角色,为厂商和消费者牵线搭桥,也可以全程参与,成为购销关系的卖方。在这种模式下,团购网站聚集起一定数量的商家,并以低价优势吸引消费者,消费者的组团加入又促进商家的参与,如此良性循环,充分发挥了经济规模效应。团购网站平台的创造改变了前两种模式中商家与消费者直接"对话"的格局,其所具有的专业性、规范性、持续性和安全性等特点在降低交易成本方面的作用尤为突出,由此能够持续发展。

(二)网络团购模式演变带来的法律问题

从理论上讲,网络团购模式的变迁会带来严重的法律问题。因为这种模式的变迁实质上是新的利益格局形成的过程。前已述及,在自发团购和网络营销

---

① 钱大可:《浅议网络团购》,载《商业时代》2006 年第 2 期。

团购两种模式中,团购的达成主要在于消费者与商家之间的博弈,团购网站则担任媒介或信息平台的角色;现下商业团购模式中,寡头垄断的团购网站因能大幅度降低信息搜寻成本而笼络了众多消费者,团购网站逐渐主导市场的运作和走向,甚至有“携消费者以令商家”之势。新模式下的利益博弈在团购网站的加入后显得格外剧烈,加上团购导航网站的参与,商品或服务的团购信息被集中到网络团购市场这一平台,进行比较和挑选十分便捷,商家要获得“消费者选票”则需要更多策略。值得注意的是,团购模式的转变固然在商品种类和交易方式方面有巨大改进,更重要的是实质地改变了消费者在团购中的地位,即由初始“主动组团与商家议价”的身份到现下“被动接受或参与团购网站与厂商之间合约”的地位。消费者与厂商间的直接博弈被取消或替代,更进一步说,这也变相篡改了价格优势的属性——原本源于团购“以量取胜”之利益博弈而形成的低价转为现下减轻厂商责任或降低商品服务品质而达成的低价——使“团购”名不副实。事实上,网络购物(非团购)的快速发展逐渐体现出商业团购模式的特征——商家与网络平台的线上线下合作、消费者积极参与、相对低价,网络团购之原有特性逐渐被消解。① 但“团购”在消费者脑海中建立的“价格优势”印象仍然存在,这种信息不对称现象在影响消费者决策行为的同时还扭曲了其他市场主体的行为,会引发较为严重的法律问题。

进一步分析,连同已有的对网络团购市场法律问题的研究,团购市场存在的难题包括但不限于:缺乏行业标准等市场监管,导致团购网站良莠不齐、行业信用不高、市场壁垒极低、竞争被扭曲;用提前付款方式消费,缺乏担保机制;诚信问题难以解决,一味追求低折扣,服务质量无法保障;服务产品同

---

① 还需说明的是,网络购物(非团购)对网络团购特性的消解有着特定的限制。如果将网络团购分为商品团购和本地团购,其中本地团购被取代的可能性比较小,典型如具有地域限制的餐饮和娱乐服务;就商品团购领域而言,其“团购”特性已显得不够突出,如淘宝网、当当网、亚马逊、京东商城等途径有着大量消费者的青睐,价格优惠甚至多于团购,这实际上刺激了团购市场主体的对策行为,多重法律问题因此而发。

质化严重,用户满意度和忠诚度较低;虚假宣传误导消费者情形大量存在,如虚标原价、虚标参团人数、货不对板现象;价格歧视或消费歧视难以解决,不合理限制条件较多;消费者维权难度极高等。这些难题给传统法律带来的挑战不仅在于市场主体间"权义"的明确划分,更为重要的是在于法律在该领域的施行,或者从另一角度而言,应以怎样的治理方法来调整网络团购市场。①

二、网络团购市场"规制规则"治理的引入

对于应当采用什么方法来治理网络团购,我们给出的答案就是引入规制规则思维。而要引入规制规则思维,其前提应当是对规制规则的基本要义进行说明。因此,我们首先对什么是规制规则进行解读,然后再说明网络团购市场法律治理从责任规则到规制规则的转向。

(一)"规制规则"基本要义之解析

1. 规制规则的"意义赋予"

"规制规则"(regulation rule)来自于经济学范畴,往往与"责任规则"

---

① 事实上,前述诸种法律问题并非游离于现有法律规范调整之外,然则公然违法现象仍屡禁不止,我们认为,这与法律的治理方法直接相关。从实践来看,按针对性程度的不同,我们可以将现下调整网络团购市场的法律规范分为通用型和专用型两类,前者包含《民法通则》《合同法》《消费者权益保护法》《反不正当竞争法》《反垄断法》《产品质量法》《广告法》《价格法》《电子签名法》《商标法》等多种法律及相关解释和意见;后者则表现为《电子商务法》《欺诈消费者行为处罚办法》《国务院办公厅关于加快电子商务发展的若干意见》《商务部关于促进网络购物健康发展的指导意见》《商务部关于网上交易的指导意见(暂行)》《国家工商行政管理总局关于网络商品交易及有关服务行为管理暂行办法》《零售商促销行为管理办法》《商务部关于规范网络购物促销行为的通知》《关于加强网络团购经营活动管理的意见》等法规和规章以及其他形式的文件。总体说来,不论是专门针对网络团购市场的制度还是通用型法律的规定,以上法律文件对于网络团购市场领域的调整相对偏重规范交易规则和消费者权益的保护,相关的学术研究亦侧重如何追究经营者责任并保护消费者权益,而从团购市场整体利益视角探究团购市场秩序的建立方面则未给予应有的关注,严格来说,这也是治理方法不同而造成的。

(liability rule)、"产权规则"(property rule)共同出现在人们的视野之中。[①]谈到责任规则,在市场交易领域大多将其与产权规则和不可让渡规则(inalienability rule)区分讨论,体现了保护个人权利的伦理、自由与效率等理念。责任规则指可不基于当事人的自愿达成交易,仅在事后对当事人予以补偿。评价交易是否自愿,涉及信息、能力多重因素,故此种规则得以适用是因为对于交易成本的节约。规制规则与此处的产权规则有一定相似性,但与产权规则不同的是,规制规则还涉及对整体利益的考虑。例如,依据产权规则,权利转移必须自愿,而规制规则不仅在最大程度上保证信息的透明以实现权利转移的自愿,还关注市场竞争秩序。

由此可见,规制规则与责任规则更具有可对比性,如果我们将其置放在法律语境中赋予其意义,则更能清晰地体现经济法思维。有学者就认为,从法律的角度而言,"法律对有害行为的防范有两种规则:一是事后责任规则,即通过事后的惩处,使人们此后不再从事有害行为;二是事前规制规则,即通过事前的警示限制,使人不从事损害行为"。[②] 进一步分析,责任规则是指在权利被侵害之后通过补偿、赔偿等方式维护权利主体利益的权义配置;规制规则则是对行为主体的行为予以一定限制或设定规范的手段以此来保护权利者。规制规则思维的核心理念在于预防性控制,主要通过对权利或权益设定限制或约束来达到预期目的,具体方式包括限制土地的私人用途、限制特定市场交易的形式与内容、限制经营者的市场竞争行为方式、限制商品的交易价格、限制市场的准入资格等。

经济法重视规制规则思维,更深沉的法理原因在于,传统法主要依据权

---

① 关于责任规则和产权规则的详细分析,参见张维迎:《信息、信任与法律》,生活·读书·新知三联书店2006年版,第135~138页。

② 刘水林:《论"规制行政法"的范式革命》,载《法律科学》2016年第3期。

利范式来保护利益,[①]然而在经济法中,法律利益较少表现为权利,反而大多数时候表现为法益,这是由经济法的特点所决定的。[②] 以市场规制法保护的利益为例,在市场经济中,经营者应当公平竞争以获取交易机会,如果有经营者采取不正当手段获得交易机会,必然会给他人造成损失,但交易机会这种利益十分抽象,也不属于某个具体的利益主体,因而不易以权利的方式加以确定。[③] 所以规制的思维就必须要发生转变,从赋予权利对利益主体加以保护的思维,转变为禁止经营者以不正当手段获得交易机会的思维。日本学者丹宗昭信就曾指出,民法、商法、劳动法等诸多法律部门的许多制度都是从权利角度介入的,而只有经济法才是从维护市场经济秩序这一基本原理介入

① 有学者对民法的权利思维进行了反思,认为这种权利思维存在于近现代各国民法典,但客观上存在诸多局限性,参见梅夏英:《民法权利思维的局限与社会公共维度的解释展开》,载《法学家》2019 年第 2 期。

② 众所周知,经济法的主要功能在于克服市场失灵,但市场缺陷各种形式的出现具有逐步性、阶段性,是随着市场经济的产生和发展而逐步显现的,因市场缺陷而导致的市场失灵是随着市场结构、市场规模及市场的成熟度的变化而逐渐凸显的。而且市场缺陷还具有多类性特点,市场失灵在微观上表现为某种产品的供求失衡,中观上表现为区域经济或产业结构的失衡,宏观上表现为总供给和总需求的失衡。这就决定了经济法克服市场失灵所要维护的经济利益具有抽象性、动态性、变动性等特征。而这类利益很难固化为权利,很多时候只能作一些原则性的概括,从而表现为法益。从实践来看,经济法中规定的权利也较少,《消费者权益保护法》专章规定的消费者 9 项权利。此外,《价格法》第 11 条规定了经营者自主定价的 4 项权利,《中小企业促进法》第 53 条规定了中小企业有权要求拖欠方支付拖欠款并要求对拖欠造成的损失进行赔偿,第 54 条规定,任何单位不得违反法律、法规向中小企业收取费用,不得实施没有法律、法规依据的罚款,不得向中小企业摊派财物。中小企业对违反上述规定的行为有权拒绝和举报、控告。《税收征管法》第 8 条规定了纳税人的知情权、纳税人享有情况保密权以及纳税人依法享有申请减税、免税、退税的权利,第 26 条还规定了纳税人可以选择纳税申报方式权。

③ 从权利范式转向法益范式,这是现代反不正当竞争法发展的特点,有学者就指出:对竞争成果的保护已经由权利化保护向法益化保护转向。英国在 1938 年前后就率先放弃了对企业竞争权益的财产权化保护。美国《不正当竞争法重述》(第 3 版)第 1 条也明白无误地确认,“竞争自由默示一种可以诱使潜在客户与其本人而不与其竞争对手从事交易的权利”,反言之“除非符合特别的规定,凡从事商业或者贸易在商业关系中造成他人损害的,不需要对该损害承担责任”。商业模式或经营成果越来越多地被视为动态的法益,仅从法益损害本身不足以判定行为的不正当性,是否构成不正当竞争只能在个案中基于对各种利益的平衡才能认定。德国法上的“营业权”逐渐演变成为一种“框架性的权利”,仅为保护营业活动而发展交易义务提供授权基础。侵害营业权的行为并不具有当然的违法性,违法性认定一定要经过利益平衡的过程。详见张占江:《不正当竞争行为认定范式的嬗变——从“保护竞争者”到“保护竞争”》,载《中外法学》2019 年第 1 期。

的，即解决的主要是市场竞争中的“竞争问题”。[①] 这也能回答，为什么2017年我国《反不正当竞争法》进行修改时，仍然采用禁止经营者从事不正当竞争行为的方式来调整，而非通过赋予经营者权利的方式来调整。当然，刘水林教授的研究可能更有说服力，在他看来，我们已经进入到德国社会学家贝克提出的所谓“风险社会”，风险社会是指人类利用科技从事创造活动而产生的人为风险成为影响人类生活乃至生存和发展主要因素的社会，如何缓解与分配风险损害成为风险社会的核心问题。传统的责任方式主要功能在于补偿受害者，其制度运行有赖于损害的确定性、有限性、可计量性、可预期、可控制性、私人性。而风险损害所具有的不确定性、无限性、不可计量性、不可预期性、不可控制性和社会公共性颠覆了这些条件，因此对风险损害主要以规制方式予以事前防范。[②] 这就从法理上深刻地揭示出责任规则与规制规则的治理思维差异。

基于上述分析，我们这里所指的规制规则，并非一个名词，而是一种法律治理方法，这种方法强调通过规则的设立和实施来达到预先控制的目的，而不是等到损害发生后再追究所谓的法律责任。

2. 规制规则与责任规则的比较

如果要深入理解规制规则，还需同责任规则进行比较。它们有以下几个方面的不同：

其一，价值取向不同。责任规则强调责任发生后的赔偿和惩罚，因为遵循传统的法律思维，只有发生了损害事实才可以寻求法律救济，而法律责任的目的则在于补救合法权利和恢复法律关系。正如博登海默所言：“法律责任是对违反法定义务、超越法定权利界限或滥用权利的违法行为所作的法律

---

① 王为农：《经济法学研究——法理与实践》，中国方正出版社2005年版，第39页。

② 对于风险社会经济法的应对，详见鲁篱：《风险社会对经济法理论的挑战》，载《现代法学》2019年第1期。

上的否定性评价和谴责，是国家强制违法者作出一定行为或禁止其作出一定行为，从而补救受到侵害者的合法权利，恢复被破坏的法律关系（社会关系）和法律秩序（社会秩序）的手段。”①因此责任规则的价值取向是事后救济。而规制规则的价值取向更倾向于事先控制，这种经济法思维认为，如果任由损害结果产生，之后才由法律介入，可能为时已晚，因为许多损害结果是不可逆的，而且是巨大的。例如，当汽车产品可能发生系统性危险时，就应当召回，否则就可能造成社会公共安全危险，而如果任由结果发生，之后再追究责任，则成本巨大。

其二，实施条件不同。就责任规则而言，强调违法行为必须已经产生，正如有学者所总结的：违法行为是产生法律责任的原因和依据，法律责任是违法行为引起的后果，没有违法行为的发生，就不会、也不应该有法律责任的出现，只有实施了某种违法行为，才谈得上追究法律责任。② 经济法学者也持相同观点，例如，张守文教授就认为，经济法主体因实施了违法行为，侵害了经济法所保护的法益，因此应当承担经济法责任。③ 但规制规则却不强调一定要有违法行为发生，而是可能会先设置一些标准，当违法行为达到了这些标准就可能被禁止，从而避免更糟的结果发生。例如，我国《反垄断法》第21条规定：“经营者集中达到国务院规定的申报标准的，经营者应当事先向国务院反垄断执法机构申报，未申报的不得实施集中。”④这就为经营者提供了准

---

① ［美］E. 博登海默：《法理学——法律哲学与法律方法》，邓正来译，中国政法大学出版社1999年版，第127页。

② 张文显：《法哲学范畴研究》（修订版），中国政法大学出版社2001年版，第120～121页。

③ 张守文主编：《经济法学》，北京大学出版社2005年版，第86页。

④ 《国务院关于经营者集中申报标准的规定》作了更具体的规定，如第3条规定：经营者集中达到下列标准之一的，经营者应当事先向国务院商务主管部门申报，未申报的不得实施集中：（1）参与集中的所有经营者上一会计年度在全球范围内的营业额合计超过100亿元人民币，并且其中至少两个经营者上一会计年度在中国境内的营业额均超过4亿元人民币；（2）参与集中的所有经营者上一会计年度在中国境内的营业额合计超过20亿元人民币，并且其中至少两个经营者上一会计年度在中国境内的营业额均超过4亿元人民币。营业额的计算，应当考虑银行、保险、证券、期货等特殊行业、领域的实际情况，具体办法由国务院商务主管部门会同国务院有关部门制定。

确的标准,从而经营者可以据此调整自己的行为,而不是必然会构成违法行为。

其三,规则制定不同。无论是责任规则还是规制规则,都涉及法律规则的制定。根据现代法理学的理论,规则可以分为规范性规则和标准性规则,前者具有明确性、具体性和确定性特征,后者具有裁量性、概括性和模糊性特征。[①] 如果按照考夫曼的"语言的两维性"理论来加以分析,人们对待法律语言有两种思维模式,第一种是理性——类别的,也可称之为概念——抽象的,第二种是意图性——隐喻的,也可称之为符号——直观的。[②] 这两种制定规范的思维就与规范性规则和标准性规则相对应。具体到责任规则和规制规则,就责任规则而言,由于它主要是通过规定市场主体的权利与义务来清晰界定责任分配与承担的,因此其规则制定更多地体现为规范性规则。例如,《合同法》第48条规定:"行为人没有代理权、超越代理权或者代理权终止后以被代理人名义订立的合同,未经被代理人追认,对被代理人不发生效力,由行为人承担责任。"而规制规则相对而言就可能更具原则性,往往会表现为标准性规范。例如,《反垄断法》第17条规定:禁止具有市场支配地位的经营者从事下列滥用市场支配地位的行为:以不公平的高价销售商品或者以不公平的低价购买商品;没有正当理由,以低于成本的价格销售商品;没有正当理由,拒绝与交易相对人进行交易;没有正当理由,限定交易相对人只能与其进行交易或者只能与其指定的经营者进行交易;没有正当理由搭售商品,或者在交易时附加其他不合理的交易条件;没有正当理由,对条件相同的交易相对人在交易价格等交易条件上实行差别待遇;国务院反垄断执法机构认定的其他滥用市场支配地位的行为。显然,这样的规定虽然是禁止性的规则,却

---

① 叶明:《经济法实质化研究》,法律出版社2005年版,第67页。

② [德]阿尔图·考夫曼、温弗里德·哈斯默尔主编:《当代法哲学和法律理论导论》,郑永流译,法律出版社2004年版,第298~299页。

具有一定的模糊性。比如对于法律规定的垄断价格行为,怎么才算"不公平的高价"和"不公平的低价",其实都需要进行个案分析;对于其他类型的行为都有一个"没有正当理由"的限制,但何谓"没有正当理由",法律也没有明确的规定。可是这样的原则性规定却可以灵活地回应经济社会的发展。①

其四,规则实现不同。就规则实现而言,责任规则与规制规则的主要区别在于通过国家干预实现的程度。责任规则治理下市场主体的行为是自由的,因其对政府权力的依赖程度最小,如果加害人违反规则,他必须对受害人实施损害赔偿,守法的激励产生于这样的威慑,因此责任规制的实现主要依赖于个人。规制规则的实现就要求政府权力更多地介入,而且首先是防止侵害的发生而不是对受害人实施损害赔偿。以市场准入制度为例,《商业银行法》第 11 条规定:设立商业银行,应当经国务院银行业监督管理机构审查批准。第 12 条规定,设立商业银行,应当具备下列条件:有符合本法和《公司法》规定的章程;有符合本法规定的注册资本最低限额;有具备任职专业知识和业务工作经验的董事、高级管理人员;有健全的组织机构和管理制;有符合要求的营业场所、安全防范措施和与业务有关的其他设施。设立商业银行,还应当符合其他审慎性条件。毫无疑问,以资格审查认定为主的市场准入制度能保证经营者具备责任能力。可以认为,规制规则实现的可控性更强。

总之,规制规则是一种法律治理的方法,这种方法强调通过法律规则的设立来预防不利后果的发生,而不是任由损害结果发生后再追究法律责任;其规则更多地表现为原则性的规范;其适用条件不以违法行为的发生为前

① 比如2016 年 11 月 16 日,国家工商总局对利乐滥用市场支配地位案依法作出了行政处罚,合计罚款约 6.67 亿元人民币。在本案中,工商总局首次突破性地将"忠诚折扣"作为《反垄断法》第 17 条第 1 款第 7 项"国务院反垄断执法机构认定的其他滥用市场支配地位的行为"进行规制,使"忠诚折扣"这一在欧美已有广泛认知的理论成为第七把规制滥用行为的"利剑"。参见宁宣凤等:《"七剑"下天山——评利乐案的要点和突破》,载金杜律师事务所网:http://www.kwm.com/zh/cn/knowledge/insights/key-messages-and-breakthroughs-of-saics-tetra-pak-investigation-20161123,最后访问日期:2019 年 6 月 23 日。

设;其实现方式注重国家权力的介入。

(二)"规制规则"在网络团购市场治理中的导入

1. 传统法律对"责任规则"的偏重

国内网络团购维权自2008年便开始出现,消费者普遍受困于经营者的商品或服务瑕疵,在消费者"乐观偏见"等因素的影响下,①团购的价格优势仍实质地左右着消费者的决策。而当消费者权益受损之时,大都倾向于加重经营者的质量责任以寻求保护。相应地,舆论、学术研究、执法、司法等均偏向于经营者责任内容的扩展和加强,如经营者高于法定责任的声明应予实现、广告代言以及展销平台的连带责任应予追究、惩罚性赔偿制度应予落实等。这样一来,传统法律的适用整体体现出"压力型司法"或"被动执法"的特性,②即网络团购纠纷的处理必须直接"回应"消费者利益的"冲击",即在责任规则与规制规则之间选择了前者。例如,在因经营者利用虚假广告方式销售有质量瑕疵的商品或服务而引发的纠纷中,消费者往往以质量不合格为由而主张权益,案件的处理则一般不涉及对经营者虚假广告宣传行为的惩罚。

事实上,消费者权益保护的程度不应当过多拘泥于责任规则,同时,从责任追究或权利实现角度来看,我们认为,在现有电子商务发展水平和网络团

---

① [美]凯斯·R.桑斯坦主编:《行为法律经济学》,涂永前、成凡、康娜译,北京大学出版社2006年版,第5页。

② 我们在此所言的"压力型司法"或"被动执法"与"压力型立法"原理紧密相关。在信息视角下,如果立法者的信息能力不能有效应对现代法律规制活动的知识挑战,那么将无法抵御媒体话语的过度渗透,导致立法与媒体之间的关联过于紧密,形成一旦媒体热议、立法积极跟进的压力型立法现象。参见吴元元:《信息能力与压力型立法》,载《中国社会科学》2010年第1期。与此相应,网络团购市场领域的纠纷被"塑造"成经营者过度"经济人"理性以致侵犯到消费者权益,而相应的解决办法便是张扬消费者权利与设定经营者义务。同时,根据司法在纠纷解决中的被动性,只有存在诉求的前提才有司法的适用;行政执法机关则面临"干预得最少的政府是最好的政府"理念而对网络团购市场的违法行为持放任态度,也体现出一定的被动性。

购营运模式下，现有权利救济的基础条件已足够满足消费者的维权需求，而造成消费者权利救济障碍的主要是巨额权利救济成本。正如实体市场的消费者权益不能单从《消费者权益保护法》路径获得完整保护一样，网络团购市场的消费者权益保护同样面临传统私法思维方法的局限性。因此，应当突破樊篱，而不仅仅立足于消费者保护的视角来寻求团购市场的治理规则，若能做好这一点，将不仅有助于避免机会主义行为的泛滥，同时在促进行业有序发展的过程中亦能减少消费者的交易成本和维权成本。

2. 责任规则向规制规则的转向

根据前述，现下迫切需要变革的便是网络团购市场的调整手段——在源头上减少侵犯消费者权益行为的发生，这与消费者的决策方式密切相关。行为经济学从信息、消费者心理和行为等因素综合研究消费者决策后发现：消费者对信息出现的不同地点、表述方式、他人的评价等内容所产生的信任有极大差别，进而根据心理上的损失或获益偏向作出购买决策。这尤为明显地体现于价格及价格宣传、产品质地宣传、品牌宣传等诸多方面，在虚假信息与真实信息共存于同一平台的网络团购中，如何解决这些信息的不对称所导致的权益侵害难题则有待于治理方式的转变，即在市场不能自主克服失灵时运用国家适度干预，具体则有市场准入和退出限制、市场运行监管和惩罚等以"规制"为核心的实施措施。可以认为，这便实质地划分了传统注重"权义"分配、依靠责任规则为主的治理方式与现下急需的、寻求法律实效、采取规制规则为首的治理方式。

关于网络团购市场的调整规范方面，我们还注意到，除了国家工商行政管理总局专门"为规范网络团购市场经营秩序，维护消费者和经营者合法权益，促进网络团购行业健康发展"①而颁布了管理意见外，其他文件中也积极

① 国家工商行政管理总局《关于加强网络团购经营活动管理的意见》。

尝试采用各种规范措施来规制网络团购市场。例如,从促进经济增长的角度运用网络团购,并提出建立市场准入制度和健康发展要求、[①]规范包括团购在内的促销行为、[②]加强网络团购的信用建设、[③]采用标准的形式规范网络团购计划。[④] 这些努力无疑是必要的。问题在于,虽然已经有专门针对网络团购经营活动的管理意见,但从执行角度来看,该意见颁布后各地响应者寥寥,紧要的是该意见的规制规则未能明确权力介入事项,亦没有制定相应的惩罚作为违法后果,事实上成为倡导经营者诚信经营的指导性规范或"软法",在缺乏自律规则的网络团购市场领域,此等规则对于现实违法现象来说无异于"隔靴搔痒",最终沦为"具文"。

三、网络团购市场"规制规则"治理的必要性分析

网络团购市场治理的法律选择立足于对现有市场状况的判定,对此前面已有初步论述。从信息视角看,"团购"已经获得消费者"价格优势"的信任,同时又可延伸为实体市场、其他网络市场的"价格劣势",这构成了消费者决策的基础。此类信号的作用对初次涉入团购的消费者来说更明显。团购获得的"信任"是在与传统消费同等条件并给予低折扣的过程中形成的,注重多人参与、同等消费条件和价格优势的特点显然与现实团购中的"三人可成团"、歧视性消费、价格无优势等严重不符,由此催生出市场治理的强烈需求。实践已证实,传统法律治理路径弊端频出,归根结底是由责任规则于该市场而言作用甚微造成的,从团购市场的特性考虑,事后救济与惩罚机制之实现

① 《浙江省人民政府关于印发浙江省电子商务产业十二五发展规划的通知》。

② 《商务部关于规范网络购物促销行为的通知》。

③ 《上海市人民政府关于印发上海市社会信用体系建设2013—2015年行动计划的通知》。

④ 《商务部办公厅关于下达2012年第一批流通行业标准项目计划的通知》,其中,将"网络团购企业管理规范"与"网络团购企业信用评价体系"的标准和规范由中商流通生产力促进中心有限公司制定。

条件极为受限。

(一)"规制规则"比责任规则更有优势

在网络团购这个特定语境中分析,规制规则应当比责任规则更有治理的优势。首先,就价值取向而言,责任规则强调事后救济;但在网络团购领域,追究法律责任难度很大而且成本很高,因此,面对权利救济的高成本障碍,消费者往往持容忍态度,这无疑助长了侵权者的机会主义行为。此外,网络团购涉及的消费者众多,损害具有社会性,而最好的解决方式是从源头对其加以控制,所以规制规则的预防性价值取向就更为贴切。其次,就实施条件而言,责任规则需要首先确定违法行为,但这在网络团购中却不是那么容易,因为这端赖于"行为的可观测性(observability)和可验证性(verifiability)",[①]而这在信息量大但辨认真伪较难的网络团购市场效果并不理想。再次,就规则制定而言,责任规则是一种规范性规则,它要求明确性、具体性和确定性。然而,责任制度实质上是权利义务的再次分配,是利益博弈的结果,法律确认权利与义务时极为慎重,故而在变化性强、发展迅速的网络团购市场中,可能存在一些理应被保护的利益因未能上升到权利层面而难以获得司法保护的情况,[②]亦即缺乏弹性。相较而言,规制规则更为原则性,更具包容性,执行时一般亦有相应指南、准则、意见等作为补充和辅助,还赋予了执法机关较大的自由裁量权,因此能克服责任规则弹性不足的方面。[③] 最后,就规则实现而言,责任规则主要依赖的是个人,虽然"存在一些一直在努力为消费者提供其所购买产品信息的市场力量,但这些力量可能并非总是非常有效的,而且普

---

① 张维迎:《信息、信任与法律》,生活·读书·新知三联书店2006年版,第196页。

② 参见甘强:《经济法利益理论研究》,法律出版社2009年版,第219~251页。

③ 当然,自由裁量权并非意味着无限权力,其仍需在法律的框架下运行,加之,软法对公权力亦有一定程度的限制。参见[加]洛恩·索辛:《无拘束的裁量权:论〈宪章〉与软法的协调》,载罗豪才、毕洪海主编:《软法的挑战》,商务印书馆2011年版,第222~262页。

通法对欺诈的救济也是如此”。[①] 所以，在网络团购市场，政府权力或者说国家干预是必要的。因为“如果对每个受害人所造成的损害过小而使诉讼不足以成为一桩有利可图的生意，若总损害相对于预防成本是相当大的，那么就有理由进行直接管制”。[②]

总的来讲，在传统民商事领域，法律的责任规则广为适用且其在降低交易成本方面效果显著。但在网络团购市场，由于信息的非对称程度、权利救济程序及难易程度、权利救济成本、社会成本、公权机关执法能力等因素影响了责任规则在网络团购市场的效果，而规制规则却刚好弥补上述不足，因此具有相对的优势。

（二）消费者保护维度及其反思

前已述及，当前团购模式下，某单一交易活动涉及团购网站、厂商、广告经营者、导航网站和消费者等多元主体，当消费者权益遭受损害而选择维权时面临的首要困境便是：多责任主体实质上最终导致无责任主体，[③]“责任缺位”或者说经营者相互推诿的现象实属多见。即便根据责任规则项下的“权义”分配追溯到了特定责任主体，也避免不了“既跑了和尚，也找不到庙”的尴尬境地，若要说此种情况属于个案，那么面对另一类经营者则只能强烈谴责、发发牢骚后草草了事，说不定还存有被经营者报复性回击的风险。在责任规则之功能不能得以发挥的情况下，消费者趋于选择大型团购网站消费。团购网站起到挑选、交易、担保等多重作用，这或许可以解释网络团购市场中寡头垄断得以形成和维持的原因。寡头的存在着实节省了消费者的搜寻成本，进而降低消费者的交易成本，但同时也潜藏着将消费者福利置于经营者拳掌之

---

① [美]理查德·波斯纳：《法律的经济分析》（第7版），蒋兆康译，法律出版社2012年版，第543页。

② 同上书，第541页。

③ 参见张维迎：《市场的逻辑》，上海人民出版社2012年版，第57页。

中的风险,[①]此种以损失竞争为代价的做法终究不是维护消费者权益的长久之计。

从消费者角度进行反思亦能得出有益的启示。权利救济上的障碍迫使消费者成为权利上的沉默者。即便是能熟练运用互联网获取商品信息达成交易的消费者,面对权利受损时的维权同样心存疑虑,他们主张权利的积极性不高。某种程度上类似消费者权益保护法上惩罚性赔偿制度的实施困境——多种类的成本及不确定的收益,利益上的最低标准线和信息不足。[②]该问题当然不能归咎于权利义务配置的倾斜性不够,或者相关消费者权益意识薄弱,而实际上在于市场信号的扭曲,即认为现下常见侵权现象——经营者以低价为由,附加不合理限制、歧视性消费、减轻经营者法定责任、加重消费者义务——为合法且正当的。

撇开对成本因素的考虑,任何一种权利保护规则都能合理并有效达致目标。责任规则下权利的成本不仅囊括权利人及相对方为利益救济而付出的成本总和,同时司法、行政方面的成本应计入社会总成本。与此相比,规制规则所需的成本则具有明显的杠杆效果。规制规则虽然并不直接指向消费者权益的保护,但却是消费者权益的重要屏障。例如,市场准入资格的设定降低了权益被侵害风险的概率,也保证了行为主体的损害赔付能力;对不正当竞争行为的监管减小了信息的非对称性程度,矫正了被扭曲的市场信号,确保消费者合理决策。需要说明的是,规制规则耗费的成本并非就必定低于责

---

① 在此需要说明:首先,必须认识到网络效应在降低消费者搜寻、比较成本方面的巨大作用,但当面对不同弹性的市场需求,垄断厂商有能力选择与之对应的供给决策,此时"市场上的产量一般要低于完全竞争条件下的产量",串谋、价格歧视、搭售等现象可能出现,使价格机制失灵,垄断价格高于市场价格,垄断厂商由此追求垄断利润。具体参见[美]约瑟夫·E.斯蒂格利茨、卡尔·E.沃尔什:《经济学》(第4版),黄险峰、张帆译,中国人民大学出版社2010年版,第259~284页。

② 应飞虎:《知假买假行为适用惩罚性赔偿的思考——基于法经济学和法社会学的视角》,载《中国法学》2004年第6期。

任规则，但就网络团购市场来说，规制规则实施所需要的行政成本或费用相比于责任规则而言可控性更强，在效率上更优。

（三）市场主体行为激励及应用

网络团购市场参与者之间的信息分布表现为非对称性特征，信息不完全使得价格制度常常不是实现合作和解决冲突的最有效安排，这便需要采取一些非价格制度，而其有效性取决于非价格制度的安排必须满足"激励相容"原则。[①] 基于市场治理的法律规则，市场参与主体必然会选择相应的"对策"行为。作为不同的激励机制，责任规则与规制规则在针对网络团购市场行为的激励效果方面有着显著差异。

责任规则偏重"权义"分配或资源的配置，关注如何安排合理并有效率的责任分配方式。责任的具体分配提供交易双方以特定的预期，消费者基于此选择交易或不交易；以产品责任规则为例，在实际运用中，严格责任优于无责任和过失责任规则，[②]从逻辑上分析不难发现严格责任对经营者有着正面积极的行为激励，消费者权益也能得以保护。问题在于，一种产品可能造成多起事故，但只有少部分事故被发现或被起诉，这类现象在网络团购市场较为明显，但责任规则对经营者行为的实际激励是有限的，并且严格责任的补偿性赔偿同样面临激励不足的难题，而引入惩罚性赔偿又转向另一个激励——赔偿额度高的过度激励和赔偿额度低的激励不足——的设计。这些困境可以作为产品质量责任问题为何如此严峻的解释。

责任规则的行为激励不足是导致市场混乱的原因之一，而规制规则的激励则是通过第三种力量的介入实现的，包括政府公权力和社会权力。规制规则并不直接针对"权义"分配或资源配置，而主要考虑市场主体的行为、主体

① 张维迎：《博弈论与信息经济学》，上海人民出版社2004年版，第2页。
② 张维迎：《信息、信任与法律》，生活·读书·新知三联书店2006年版，第103~104页。

间关系及其相互影响等因素，注重社会整体的秩序与长期利益。在网络团购市场中，处于竞争关系状态的经营者之间的博弈可以用以下简单模型来理解。按照竞争者参与博弈的时间和次数可将其分为一次博弈和重复博弈。在一次博弈中，竞争者有两种选择，正当竞争和不正当竞争行为，这两种行为并不必然损害消费者权益，但它们会直接影响消费者决策，因此竞争者为追求短期利益的最优选择都是不正当竞争行为；在多次博弈中，竞争者同样有两种行为选择，由于还存在信誉机制的隐性激励，信誉的积累使得更多消费者愿参与其中，故而正当竞争所营造的氛围能够使经营者获得更为长远的利益。然而，网络团购市场是一次博弈者与多次博弈者共存的市场，多次博弈者若不能从正当竞争行为中获益，便倾向于选择不正当竞争行为。若再将消费者利益纳入其中进行考虑，则对不正当竞争行为的规制规则之需求就显得格外紧迫（参见图 6－1）。

		竞争者b 正当	竞争者b 不正当
竞争者a	正当	1，1	0，3
竞争者a	不正当	3，0	2，2

一次博弈模型

		竞争者b 正当	竞争者b 不正当
竞争者a	正当	3，3	2，0
竞争者a	不正当	2，2	0，0

多次博弈模型

图 6－1　一次博弈模型和多次博弈模型

（四）市场竞争及其维护

责任规则的特性决定了其对市场竞争作用的局限性。选取团购市场中的价格及其宣传行为为例，调查结果显示价格优势被认为是影响消费者参与团购的最主要因素，在商品和服务趋于标准化情形下，价格竞争成为商家竞争的主要手段。商品价格优势在网络团购领域主要表现为低折扣，但具体宣传方式则多种多样。为了吸引消费者关注，经营者经常采用虚标原价制造超低折扣假象、以多种价格中最高价计算折扣现象、①虚标参团人数显示活动火爆假象、低价吸引购买后到店消费时索取额外费用、通过与市场价对比彰显价格优势等宣传方式影响消费者决策。暂且不论这些明显违反诚信的宣传手段责任应归咎于团购网站还是商品的销售者,问题在于这些宣传行为着实影响了消费者的决策。若从维护消费者权益角度考察这些行为将很难给予其否定性评判,因为这并不必然导致消费者权益受到侵害;但宏观地看,处于竞争关系中的经营者则通过这些行为获得了消费者选票,进而占取竞争优势地位。

针对网络团购市场各个环节的市场行为,不同的规制方式决定着规制效果和保护对象的显著差异。事实上,现有法律法规对以上现象并非没有涉及,《价格管理条例》《价格法》《价格违法行为行政处罚规定》《禁止价格欺诈行为的规定》对虚假或使人误解的价格手段、虚构原价、虚假优惠折扣等不正当价格行为有较为细致的规定,而却少有因此受罚者。这类高违法率和低惩处率的合理解释在于:因不正当价格行为而受损害的消费者更多地以产品或服务的质量问题而投诉或起诉,却极少从价格欺诈等视角追究经营者责任。值得注意的是,不正当价格行为绝大多数都直接与质量问题相关,如果就此认为做好经营者产品或服务的质量便好那就大错特错了,这种思维方法显然低估了价格不正当行为的危害。②

规制规则的运用往往需要权力的主动介入,此为市场自由主张者所极力反对的。规制是否必然会削弱市场自由竞争?一般而言,责任规则的运用始

① 如某电影院全天票价20~60元,每天18:00之前最高价格为35元,团购价格14.8元,3D电影到店后另加5元(此信息在团购宣传时未标明,而是以“根据国家法规,需要在一定时段内调整价格的情况,须以影院当日公布为准,到店补齐差价”的方式温馨提示),且团购票只能在18:00之前使用,然而其折扣是以60元为标准计算的。此处还需质疑的是,通过团购价购买的应当是最高可达60元的电影票,而在相应时段公布的电影票价无一例外都低于这个价格,哪里来的“差价”需要“补齐”。

② 类似地,关于虚假广告的危害和规制思维方面的论述,参见应飞虎:《信息、权利与交易安全——消费者保护研究》,北京大学出版社2008年版,第179页。

于违法行为被追究之后,当然也包括基于规制的责任规则;规制规则的运用则基于对市场行为性质的事先预防和判定。另外,对于市场竞争状况的判断还立足于有效竞争(workable competition)理论对完全竞争之理想模式的摒弃。事实上,有效竞争在一定程度上对规制规则有需求。具体地讲,团购市场准入限制在保护消费者权益的同时,是否会对市场竞争产生消极影响?经济学研究表明,"自由进入并不能保证完全竞争的市场结构。在网络经济环境下,如果已经有多家厂商存在,则新厂商的进入并不会对市场结构产生显著的影响。尽管消除进入壁垒可以促进竞争,但它并不会显著影响市场结构。因此政府试图以消除进入壁垒的方式来改变市场结构的努力往往是效果不佳的"。① 在竞争维持前提下,甚至可以说,经过自由竞争而获得垄断地位的经营者更有利于消费者权益的保护和产业链的发展。②

四、网络团购市场"规制规则"治理的实现

以上我们已经论证了网络团购市场的确有引入规制规则的必要性,接下来我们简要分析这种治理方法的实现。

(一)制度基础:寻求规制规则之治

责任规则与规制规则之间的具体选择"需要考虑社会制约的可欲性因素",③市场行为的规制方式种类繁多,其中"标准、禁令以及其他形式的直接

① 张丽芳、张清辨:《网络经济与市场结构变迁——新经济条件下垄断与竞争关系的检验分析》,载《财经研究》2006 年第 5 期。

② 参见张维迎:《市场的逻辑》,上海人民出版社 2012 年版,第 102 页。

③ 如行为主体与规制当局在有关行为损害风险的知识上可能存在差异、行为主体是否具有支付全部数据的损害赔偿的能力、行为人承担损害赔偿的概率以及在运用责任规则或直接规制时所引起的行政成本或费用。

规制都具有社会性和公共性，它们通过在实际损害发生之前颁布一些要求，较为直接地修正人们的行为”，[①]采用规制规则方法而不沿用传统私法的理据正在于此。所以，相对完善的规制规则体系，是实现此种思维方法的制度基础。

从性质上分析，规制规则对市场的矫正体现出较为明显的国家干预性质。前文已提到，这类法律制度在现下法律体系中并不鲜见，典型如《反不正当竞争法》《反垄断法》《广告法》《价格法》《电子商务法》，而对这些法律进行补充或解释的法规、规章数十上百，网络团购市场业已出现的法律问题大多能从中寻求解决之道。除以上列举的法律层级的法律规范，还有诸如《欺诈消费者行为处罚办法》《广告管理条例》《价格违法行为行政处罚规定》《禁止价格欺诈行为的规定》《价格管理条例》《零售商促销行为管理办法》等。

所以，以上对“规制规则”表现形式考察的结果表明，规制规则事实上广泛存在于法律、法规以及规章等规范性文件中，这意味着我们已有一定的制度基础，如果能进一步完善现有体系中的“规制规则”，则拥有了实现网络团购市场“规制规则”之治的重要制度保障。但需要指出的是，网络团购市场中市场主体的行为具有复杂性、动态性、不确定性与未来发展的开放性等特质，因此设置专门适用网络团购市场领域的法律缺乏可行性，与其说《国家工商行政管理总局关于加强网络团购经营活动管理的意见》颁布的意义在于整顿网络团购市场，不如说此举正在于引导我们在已有法律体系中寻求治理办法，注重市场秩序的维护、规范经营者的市场行为，此即为寻求“规制规则”之治。

（二）规制主体：职能权力扩展之治

从规制主体来讲，通常都承认公共规制的主体是社会公共机构和政府行

---

① 刘水林：《反垄断法的观念基础和解释方法》，法律出版社2011年版，第39页。

政机关，一般简称为政府。[①] 规制规则采用事前干预的方式介入市场，对市场准入、不正当竞争、垄断行为等予以规制，这些都需要监管机关“主动出击”。从某种程度上说，网络团购市场的法律问题频现并不是由于政府过多干预所导致，而是政府不干预或干预过少造成的，这说明网络团购市场采用“规制规则”治理时应当强化政府的职能和权力。

进一步分析，一方面，从职能上讲，由于传统社会经济关系相对简单，所以政府的经济社会职能也相对简单，但随着社会经济的发展，尤其像网络这样的高科技日益在经济社会生活中普及，导致网络团购这样的新经济形态出现，也导致社会风险的加大，进入所谓贝克意义上的“风险社会”，一旦出现问题不但涉及面广，而且往往社会危害具有大规模性和难以回溯性。所以，政府的经济职能必须扩展，积极地参与到事前的规制中。另一方面，从权力来讲，一般而言，政府通常限于行政权力的执行，正所谓立法、执法和司法应当分别配置。但由于网络团购市场问题的复杂性，涉及行业标准、竞争问题、价格歧视等问题，而且按照信息与信任原理，对市场行为的规制服务于整个市场的利益。例如，《反不正当竞争法》对虚假广告规制的考虑是基于虚假广告的泛滥不仅使消费者成为受害者，还造成消费者对与广告相关的整个行业不信任，这同时又会损害正当经营者的利益，更为严重的是对“市场整体信息的生产和传递”以及“媒体公信力”[②]的消极影响。所以对于规制主体的要求就不能仅仅只有行政执法权，而需要合理的扩展权力，包括准立法权和准司法权，从而有效地规制复杂的经济社会生活。

（三）实施机制：多元参与合作之治

前已述及，规制规则主要是对行为主体的行为予以一定限制或设定规范

---

① 杨建文：《政府规制——21 世纪理论研究潮流》，学林出版社 2007 年版，第 2 页。

② 参见应飞虎：《信息、权利与交易安全——消费者保护研究》，北京大学出版社 2008 年版。第 168 ~ 170 页。

来保护权利者的手段。例如,《价格法》第4条规定,经营者不得采取不正当价格行为,其中包括利用虚假的或者使人误解的价格手段,诱骗消费者或者其他经营者与其进行交易。这对于网络团购的市场治理无疑具有重要作用。但我们还想特别指出的是,如果遵循传统的思维方式,这种规制仍然是依靠政府等规制主体对规制对象的单方强制来达成的。规制规则思维虽然强调这种强制性,但在实施机制上还会强调沟通协调。因为正如哈贝马斯所说:"法律体现着人们的需要和利益,而只有相关的人们自己才知道需要和利益是什么,因此,涉及某些人的需要和利益的法律,首先必须由他们自己讨论和协商。"①所以,应当依法赋予公众参与政府规制活动的法定权利,主要表现在以谈判磋商的方式制定规则,这样在制定规则时就把利益相关方的意见考虑在内,有利于被规制方专业知识的提高以及规则的技术质量;同时培养被规制者和利益相关者对结果负责的精神,提高其对规制或问题解决方案的认可度和自愿遵守程度。总结起来,就是由单向的行政意志贯彻到多元参与的合作治理。② 事实上,在实践中对此已有相关规定,例如,《消费者权益保护法》第30条规定:国家制定有关消费者权益的法律、法规、规章和强制性标准,应当听取消费者和消费者协会等组织的意见。

小　　结

规制规则作为一种经济法思维,是一种与责任规则相对的法律治理方法,这种方法强调通过法律规则的设立来预防不利后果的发生,而不是任由损害结果发生后再追究法律责任。其规则更多地表现为原则性规范,其适用

① 高鸿钧:《法范式与合法性:哈贝马斯法现代性理论评述》,载高鸿钧、马剑银编:《社会理论之法:解读与评析》,清华大学出版社2006年版,第334页。

② 刘水林:《论"规制行政法"的范式革命》,载《法律科学》2016年第3期。

条件不以违法行为为前设,其实现方式注重国家权力的介入,但实施机制并非单向的行政强制,而注重多元主体的合作。我们通过对网络团购市场法律治理选择进行个案分析,发现商业团购模式的发展受制于"产业生存"与"法律治理"双重困境,此与网络经济的特性直接相关。网络团购市场的经营模式革新催生出法律治理方式的转变需求。"责任规则"与"规制规则"同为保护市场及参与主体权益的重要手段,用以前者为主的事后救济方式来治理的网络团购市场弊端频现,而"规制规则"于此则有更多可取之处,是一种有效的法律治理方式。[①] 然而,我们并非否定"责任规则",正如前述,责任规则在传统民商事领域具有重要的功能,而在经济法领域则可能存在不足,但是经济法并非不需要责任规则,正如有学者所指出的:"无论是责任规则还是直接规制规则,哪一种都不可能成为控制损害风险的唯一规则选择。一个完备的控制损害发生风险的制度显然应当将责任与规制结合起来运用"。[②] 当然,作为一种突出的思维方法,规制规则肯定更具经济法思维的特点,这也是网络团购个案分析的结论。

① 随着团购模式的演变,网络团购市场治理方式显得越发重要,若不重视这点转变,实则有助于不正当竞争行为的产生。其影响并不应止于团购市场和网络市场,还应当包括实体市场在内,此问题至少已经在"电商价格战"中得到体现。京东商城致力于电子商务模式运营,国美、苏宁电器则主要依赖实体店面经营。京东商城宣称:"京东大型家电三年零毛利,所有家电保证比国美苏宁连锁店便宜10%以上"并"将派员进驻苏宁国美店面"。

② 刘水林:《反垄断法的观念基础和解释方法》,法律出版社2011年版,第40页。

第七章 经济法思维的限度

诚如前述，我们已对经济法的国家干预思维、社会实施思维、经济政策思维、经济解释思维和规制规则思维的实践运用进行了充分阐述，说明在经济法的实践中，上述思维方法的确客观存在，并起到了积极作用。而之所以能有积极的作用，当然主要是源于经济法思维的独特性。① 但不容忽视的是，无论哪一种思维方法都有其限度，这是我们在实践运用中必须注意的。这里所谓的限度，主要是指每一种思维方法自身存在的局限性，或者我们在运用这些思

---

① 这从它与相关部门法思维的不同之处可以看出。首先，它与民法思维不同，民法思维更强调个体性，经济法思维更强调整体性；民法思维强调自治性、经济法思维强调干预性；民法思维强调法律责任追究的保护范式，经济法思维强调责任预防的保护范式。其次，它与行政法思维不同，行政法思维强调对行政权力的限制，经济法思维更强调对行政机关经济功能的发挥；行政法思维强调行政执法主体的严格性，而经济法思维强调执法主体的开放性；行政法思维强调执法方法的强制性，而经济法思维则强调执法的沟通性等。最后，它同商法思维也不同，商法更强调追求个别主体营利的效益，更追求交易的安全、迅捷、可靠；而经济法思维则更强调整体的经济效益，在交易方面则更强调公平的交易秩序。

维方法时所必须遵照的基本要求，因为只有充分认识到其自身的局限性，并遵照最基本的要求来运用这些思维方法，才能克服其局限性并最大化地发挥其功能。

一、国家干预思维的限度

（一）理论思考：尊重市场运行机制

学界对经济法中的国家干预的反思从没有停止过，甚至有学者对其进行了非常严肃的批评，[①]这更加提醒我们必须关注其限度问题。总的来讲，经济法学界大致提出了三种理论来对其加以限制。

（1）适度干预。李昌麒教授在1995年时提出，经济法的国家干预应当是适度干预。他指出适度干预是指国家在经济自主与国家统治的边界或者临界点上所作的一种介入状态。在这种状态下，国家既不过多干预，也不过少干预。[②] 随后，学者们继续深化这一理论，认为要实现真正的干预适度，首先，要对人为扭曲干预需求的情形进行矫正，使修正的干预需求成为客观真实的干预需求，这需要干预者收集相关信息，了解需求被人为扭曲的程度和原因，同时尊重市场经济运行的客观规律。其次，干预者应该有效率意识，运用成本—收益分析的工具，确定是否干预。如果这种干预净收益为负，则这种市场的干预需求就不应该予以满足，而应该予以排斥。最后，国家应该基于对自身能力边界的认识，合理确定作用于社会经济活动的有效性边界，主动排斥部分干预需求，减少干预制度的无效供给。[③]

---

① 秦国荣：《维权与控权：经济法的本质及功能定位》，载《中国法学》2006年第2期；刘文华：《中国经济法"干预论"之批判》，载《首都师范大学学报》（社会科学版）2017年第6期。

② 李昌麒：《经济法——国家干预经济的基本法律形式》，四川人民出版社1995年版，第224～225页。

③ 种明钊主编：《国家干预法治化研究》，法律出版社2009年版，第25页。

(2)谨慎干预。陈云良教授认为适度干预还不能完全体现“有限政府”的理念,不能充分表明政府向内用力、收紧的审慎姿态。因此需要谨慎干预。谨慎干预理念是经济法的现代化产物,基本含义是,政府在任何时候都不能忘记市场调节的主体地位,在干预市场时,只应仅仅以次要的辅助性角色出现,起“拾遗补阙”作用,而不得取代市场、随意跨越市场与政府之间的边界;为了保障干预效率,政府干预市场时要兼顾竞争双方的利益,采取“双赢”措施,要尽量采取间接的经济手段,少用或不用简单的、直接的行政强制方法;国家干预市场行为还必须符合现行法律的规定。①

(3)谦抑干预。这是经济法学界最新提出的一种理论,它更强化了国家干预思维的限度问题。这种理论认为当下国家干预在中国经济法学界的运用呈现出“泛干预主义”,也就是市场的基础作用越发被忽视,而国家干预经济的倾向和主张则在不断地扩展。② 为了克服这种“泛干预主义”,谦抑干预应当成为统率经济法研究的一种重要的思维方法,由此形成经济法的谦抑性理念。这种理念是指自由主义和市场竞争基本假设下的私法能够发生作用的范畴内,经济法应保持必要的谦恭和内敛,让位于起决定性作用的市场机制,而不轻易使用国家干预,从而使经济法作为一个补充性和最后手段性的机制而存在,杜绝处理政府与市场关系时“泛干预主义”倾向的发生。③

上述三种理论其实都是从市场自治与国家干预这一基本矛盾来揭示国家干预的限度,都赞成市场机制是基础机制,国家干预应当尊重市场机制,只能是一种“适度”“谨慎”“谦抑”的干预。这种认识无疑非常准确,因为国家干预并非要取代市场机制,它只是一种替代制度,当市场机制能有效运行时

---

① 陈云良:《谨慎干预——经济法的现代新理念》,载《法商研究》2001年第3期。

② 刘大洪、段宏磊:《从“国家干预”到“谦抑干预”——谦抑性理念下中国经济法学逻辑起点之重构》,载张守文主编:《经济法研究》(第15卷),北京大学出版社2015年版,第85~88页。

③ 刘大洪、段宏磊:《谦抑性视野中经济法理论体系的重构》,载《法商研究》2014年第6期。

则无须国家干预，或者说国家干预只是为了扫除市场机制自我运行的障碍，国家干预的目的是让市场机制更好地自我运转，这就是国家干预的限度。从市场与国家角度来分析国家干预的限度当然没有任何问题，但正如前述，法律也是由社会生活所宰制的，因此国家干预也应当随着社会发展作相应调适，如果干预对象因为社会生活发生变化而发生质的变化，国家干预也应当随之调整。总之，尊重市场机制是基础，在此基础上还应当关照社会的变化，并对国家干预作出适当的调整。

（二）个案分析：以消费者定位为例

对于国家干预思维的实践运用，我们通过分析法律文本已得出结论，它其实已经是经济法立法的一种重要思维方法。但需要我们警醒的是，国家干预思维在立法中必须保持一定限度，如果不当干预，则会产生不利后果。我们以我国目前对消费者地位的立法来进一步说明。

一直以来，弱者或弱势地位被认定是消费者权益保护的逻辑起点和基本理念，法律制度的设计也基于国家干预思维对消费者施以倾斜性的特殊保护。全国人民代表大会法律委员会就将《消费者权益保护法》定位为“保护市场交易中处于弱势地位的消费者，体现了对消费者的特殊保护”，①这在立法上则表现出了完全不同于传统法的权益结构。即对于消费者，第二章专门规定了其权利，却没有规定其义务；对于经营者，第三章专门规定了其义务，而没有规定其权利。② 这种权利义务的结构设置，显然是通过国家干预来对

① 《全国人民代表大会法律委员会关于〈中华人民共和国消费者权益保护法修正案（草案）〉修改情况的汇报》。

② 传统的法律强调通过权利和义务的对等来平衡利益，正如有学者分析的：“如果既不享有权利也不承担义务可以表示为以零为起点向相反的两个方向延伸的数轴，权利是正数，义务是负数，正数每展长一个刻度，负数也一定展长一个刻度，而正数与负数的绝对值是相等的。”参见徐显明主编：《公民权利和义务通论》，群众出版社1991年版，第65页。

消费者进行差异化保护。①

如果将“消费者”认为是“弱而愚”而非“强而智”的法律人像,这并非不被质疑。一直以来,法律中的人像以理性、意思自治的经济人或理性人作为基本假设,即是一种以整体的、宏观的视角来认识和理解的法律中的“人”。随着对个体的注重、对个体差异性的强调,行为经济学在社会心理学研究的基础上总结认为“有限理性、有限意志和有限自利”才是社会生活中的真实人像。这些批评不可谓不正确,也一定程度上撼动了法学理论的理性人假设,造成法律中人像的分裂。事实上,信息时代在实质上引发了消费者地位的悄然转变,从某种程度上讲,消费者甚至比经营者更强势。进一步分析,《消费者权益保护法》的使命与核心仍在于如何在市场逻辑之下衡平集体消费者与经营者之间的利益关系。这一认识受到越来越多的关注和论证。在整体意义上,消费者与生产者一样具有“主权”地位,知识能力、经济力的强弱只是就“单个消费者”而言的,②在整体的消费者权益保护的话语下,我们仍旧要充分尊重市场发展规律,消费者的个性是不被发现的。当然,现代市场需要构建的是经营者与消费者互利“共赢”的市场秩序,消费者权益的保护必须要以经营者可得控制、义务配置合理为前提,③经营者的利益必须同时予以考虑,④我们所做的无非应是“尊重由市场主体在交易活动中形成的良性规则,合理确定各方权利义务,减少不必要的法律干预”,⑤是扭转消费者相对于经营者的弱势状态,使两者的关系恢复到基本平衡的力量谱系中,

---

① 当然,现在学界对消费者保护的研究已经超越仅仅差异化保护的阶段,已经采用更为综合的视野,参见盛学军等:《新时期金融法变革中的消费者保护研究》,法律出版社 2019 年版。这也说明对消费者的法律保护问题值得进一步思考。

② 李昌麒、许明月:《论消费者保护意识》,载《现代法学》1999 年第 2 期。

③ 马一德:《解构与重构:“消费者”概念再出发》,载《法学评论》2015 年第 6 期。

④ 杨立新、陶盈:《消费者权益保护中经营者责任的加重与适度》,载《清华法学》2011 年第 5 期。

⑤ 参见全国人大常委会法制工作委员会民法室编:《消费者权益保护法立法背景与观点全集》,法律出版社 2013 年版,第 131 页。

而绝非仅仅“偏重保护消费者”或“只保护消费者”。①

综上所述,“消费者”的地位认识与人像重塑一定程度上推翻了《消费者权益保护法》既已确立的内在逻辑,如果我们尊重市场机制,并重视消费者所依存的社会现实发生的变化,那么国家干预就应当有限度,而不能在立法上单方面强调保护消费者利益。

二、社会实施思维的限度

前已述及,社会实施的模式主要包括行业自治、集体行动和公益诉讼。下面就对其运用限度分别予以说明:

(一)行业自治:警惕社团利益损害社会公益

根据三元结构理论,国家政府代表的是国家利益,市场主体代表的是个人利益,只有行业组织等社会团体代表的才是社会利益。虽然我们以重庆总商会为例论证了其具有克服市场失灵、弥补国家干预的作用,对于促进社会利益具有重要意义,但需要注意的是,行业组织都是由一个个企业所组成的,因此其代表的利益应当是私人利益的总和。这种利益是一种团体利益,团体利益可能是一定领域的社会利益,但团体利益并非与社会利益必然一致。并且,社团的局部利益本身也可能相互排斥,甚至完全对立。以美国西海岸码头工人协会与太平洋海洋运输协会2002年之争为例,美国码头工人协会为了保住就业人数而拒绝使用先进的技术和新的设备并消极怠工,使资方大受损失。与传统认识不同的是,这次是资方以巨额收入损失为代价而对美国西海岸29个港口封港,使得美国经济每天损失10亿美元,所有倚重美、亚间太

① 刘大洪、段宏磊:《消费者自主选择权与餐饮行业格式条款的规制逻辑》,载《财经理论与实践》2014年第5期。

平洋海运达成进出口贸易的国家,包括亚太经合组织 21 个会员体的经济均受到程度不等的伤害,而已经出现衰退迹象的美国经济更可能因此面临二度衰退,最后这一争端还是在布什政府的介入下才暂时平息。加州柏克莱大学计划经济学教授柯恩评论道,封港损失及其后续发展将不亚于“9·11 恐怖袭击事件”对世界经济造成的影响。① 并且“像幽灵般存在的是:一大批目标狭小、自我调整的机构,他们服务于一些相反的目的并受特定利益的约束……在其中公共利益这一观念毫无意义”。② 我们很难认同两个团体的做法代表并促进了社会利益。在此种情况下,社团代表的“‘社会利益’实际上构成了一些个人或既得利益群体谋求利益的理据,甚至还会演变成国家对某些既得利益群体进行保护的理据以及为他们创生新的特权的理据”。③ 哈耶克早就指出:人们常常错误地认为,所有的集体利益都是该社会的普遍利益;但是在许多情形中,对某些特定群体之集体利益的满足,实是与社会普遍利益相背离的。④ 所以行业自治最为重要的限度就是:不能为了行业组织的团体利益而损害社会利益。

(二)公益诉讼:防止司法服务的“拥堵”

公益诉讼作为社会实施的一种,虽然在维护社会利益方面有重要作用,但是我们也应当关注其限度。诚如前述,对公益诉讼而言可能存在的最大问题,就是恶意诉讼。因为一旦赋予毫无利害关系的行业组织和个人具有诉

---

① 单飞跃、甘强:《社会法基本范畴问题析辨》,载《北京市政法管理干部学院学报》2003 年第 4 期。

② [美]P. 诺内特、P. 塞尔兹尼克:《转变中的法律与社会:迈向回应型法》(修订版),张志铭译,中国政法大学出版社 2004 年版,第 116 页。

③ 邓正来:《社会学法理学中的“社会”神——庞德〈法律史解释〉导读》,载庞德:《法律史解释》,邓正来译,中国法制出版社 2002 年版,第 71 ~72 页。

④ [英]哈耶克:《法律、立法与自由》(第 2 卷、第 3 卷),邓正来、张守东、李静冰译,中国大百科全书出版社 2000 年版,第 9 页。

权,那么难免会出现以维护社会利益为名,而实则是为了一己私利的大量诉讼,这无疑会大量增加司法成本,而一旦案件增长到一定数量,势必会产生司法服务供不应求的“拥堵”现象。[①] 所以我们理解的作为社会实施的公益诉讼,其起诉主体应当有所限制,不应包括毫无利益关系的个人。更进一步地思考,公益诉讼所面临的难题,除了有起诉人资格外,还有公益诉讼原告人的代表能力也是有局限性的,因为往往公益诉讼所涉及的社会利益本身具有复杂性和多元性。例如,我国经济法所明确规定的社会利益就包括经济效率、竞争秩序、金融秩序、价格秩序、社会就业利益、环境利益、弱者保护利益等20多项。[②] 甚至有可能原告所代表的社会利益其实并非是大多数成员的利益,而是原告的“意识形态利益”,即个人维系其道德或宗教原则的利益。[③] 正如有学者所分析的,虽然公益诉讼所涉社会利益具有经济性,但社会分配、环境保护、消费者权益保护等背后常常交织着政治、道德、伦理、宗教、文化等各种非经济因素的影响,所以导致针对“经济问题”也会有截然不同的观点和主张。[④] 社会利益的复杂性,同样对法官提出了挑战,因为“公共诉讼”建立在这样一个观点之上,即存在一种法官能够认定和维护的可确定的公共利益。[⑤] 然而,当法官认定某种公共利益时,实际上已经是在运用司法能动功能确立一项新的公共政策,因此法院在处理一个具体的公益诉讼案件时,常常会“拔出萝卜带出泥”,即案件的处理结果常常与潜藏在案件背后的公共

---

① [美]理查德·A.波斯纳:《联邦法院:挑战与改革》,邓海平译,中国政法大学出版社2002年版,第192~194页。

② 甘强:《经济法利益理论研究》,法律出版社2009年版,第93~101页。

③ [美]理查德·B.斯图尔特:《美国行政法的重构》,沈岿译,商务印书馆2002年版,第93页。

④ 叶明:《经济法实质化研究》,法律出版社2005年版,第229页。

⑤ [美]理查德·B.斯图尔特:《美国行政法的重构》,沈岿译,商务印书馆2002年版,第91页。

政策的调整、现行立法的修改和完善等社会性大问题密切相关。[①] 这就对法官能力提出了很高的要求,而且在我国成文法的法律语境中实施也非常困难。综上,公益诉讼在实践运用中是有限度的,主要是制度设计上要防止恶意诉讼出现,以避免司法服务的"拥堵",同时诉讼资格、司法成本、法官造法等几个方面也对其运用有不同的限制。

(三)集体行动:遵循"集体行动的逻辑"

对于集体行动的限度,我们可以从理论和实践两个角度来分析。首先,从理论上讲,集体行动并非如我们所设想的,集体成员都会积极参与社会利益的争取。正如奥尔森在《集体行动的逻辑》中所指出的:"实际上,除非一个集团中的人数很少,或者除非存在强制或其他某些特殊手段以使个人按照他们的共同利益行事,有理性的、寻求自我利益的个人不会采取行动以实现他们共同的或集团的利益。"[②]所以,"集体行动的逻辑"关注的首要问题不是人们如何成功地采取集体行动,而是"集体行动失败",或者说"集体行动的困境"。集体行动并不是一种自然现象,在很多情境下"集体不行动"才是自然的结果。[③] 而出现这样的情况则是源于个体理性与集体利益的冲突,更简单一点讲,是每个人都希望"搭便车"。虽然针对如何解决集体行动困境的难题,西方学者提供了多种方案,如霍布斯的第三方强制力、市场方案、社会资本与综合自主治理的方案,[④]但效果却并不理想。对于作为社会实施模式

① 叶明:《公益诉讼的局限及其发展的困难——对建立新型经济诉讼的几点思考》,载《现代法学》2003 年第 5 期。

② [美]曼瑟尔·奥尔森:《集体行动的逻辑》,陈郁等译,上海人民出版社 1995 年版,第 2 页。

③ 高春芽:《集体行动的逻辑及其困境》,载《武汉理工大学学报》(社会科学版)2008 年第 1 期。

④ 胡涤非、孙亚莉:《集体行动困境的产生与化解》,载《南昌大学学报》(人文社会科学版)2012 年第 3 期。

的集体行动而言,相对可靠的思路是对集体大小进行分析,因为集体行动的逻辑主要是针对大集团而言的,小集团同大集团相比具有不同的集体行动特性,即使不采用强制手段或实施选择性激励,小集团也能够摆脱集体行动的困境。此外,从实践来看,我们需要警惕的是,集体行动不能违法。我国集体行动中最容易违法的行为是集体抵制。所谓集体抵制是指两个或两个以上竞争者达成共识拒绝与第三方进行交易。作为社会实施的一种方法,集体抵制在维护团体利益方面有重要的作用,但也可能违反《反垄断法》。例如,沈阳四大商场联合抵制国美。[①] 在反垄断法历史上,对集体抵制的法律分析经历了从本身违法原则到合理原则的过程,当前合理原则是主要的指导思想。也就是说集体抵制并非必然违法,是可以采用的一种社会实施方式。一般来讲,一些特定情形下的集体抵制是合法和正当的,包括基于"搭便车"之反对而产生的集体抵制、不具备市场垄断性权力所进行的集体抵制、对有损于行业协会根本利益的人(会员)的集体抵制、表达性(Expressive)和非商业性的联合抵制,[②]当然更为根本是需要用合理原则来进行综合分析,核心则在于判断其行为是否达到了限制竞争效果,这是运用此种思维时必须关照的限度。

---

① 2001年8月11日,国美在沈阳的第一家商店开业。当日,沈阳中兴商业大厦、沈阳商业城、沈阳联合公司和沈阳铁西百货大楼四大国有商场以"庆祝沈阳商业价格协会成立5周年"的名义,打出"进价再打折扣"的标语,与国美进行低价竞争。此后不久,以四大商场为主的沈阳商业价格协会向各大家电厂商发出一份紧急通知,通知声称,"由于各公司的积极配合,已经有效地切断了国美在沈阳地区的供货渠道",并要求各厂家"严格控制批发渠道,并且监视商品终端流向,坚决禁止货源流入国美沈阳商场"。如果厂商敢给国美供货,他们就扣掉厂家20%的货款。由于四大商场在沈阳家电市场占有绝大部分市场份额,并且有很多供货商在四大商场都有扣押货款,因此家电企业只好遵从,开始暂停向国美供货。参见《沈阳:四大商场和国美之战引发议论》,载联商网:http://www.linkshop.com.cn/web/Article_news.aspx?ArticleId=22105,最后访问日期:2019年6月10日。

② 鲁篱:《行业协会经济自治权研究》,法律出版社2003年版,第276~278页。

三、经济政策思维的限度

经济政策思维在经济政策先行、经济政策入法以及经济政策实施三个阶段都有其限度。

（一）先行阶段:如何保证政策制定的正确性

从前述可知,在"经济政策先行"阶段,经济政策预演的确使立法更为可靠,但我们也不难发现,往往一个政策入法是经历了数量较大的政策实施后的结果。虽然经济政策具有回应性特征,即存在经济变化导致经济政策相应变化的原因,但如果数量达到如此庞大的地步,还是会让人对经济政策本身的正确性提出疑问。因此,如何保证"经济政策先行"阶段政策的正确性,就是一个必须考量的问题。就我国的实际情况来看,主要问题在于两个方面:一是政策的制定主体,二是政策的制定程序。

从主体上讲,我国经济政策的制定主体呈现出复杂性,但主要还是集中于政府部门。虽然政府部门无论在人力还是资源方面来讲都具有制定经济政策的优势,但在布坎南的公共选择理论看来,政府并非抽象的主体,其间的政治家和官僚与普通人一样,在公共选择过程中主要关注和追求自己的利益,因为"民主政治中的政党与经济中追求利润的企业家是类似的,为了达到他们的个人目的,他们制定他们相信能获得最多选票的政策,正像企业家生产将能获得最多利润的产品一样"。[①] 所以,在经济政策的制定中难免会产生寻租的行为,甚至为了部门利益而积极地希望在立法中体现。但同时,也难免会出现某些经济问题没有政府部门来制定政策的奇怪现象。

---

① A. Downs, *An Economic Theory of Democracy*, New York: Harper & Row, 1957, p. 295.

从程序上讲,我国经济政策仍然是由政府单方面制定,其中对于政策实施对象的意见往往有所忽略,或者说缺乏社会的参与机制。从理论上讲,这是韦伯所谓的“科层制”所带来的弊端,因为“科层制”强调组织体系像精密机器的运作一样,环环相扣、紧密严谨、追求行政管理的效率,从而也造成管理过程的封闭性,自然排除了经济政策制定过程中社会参与的可能性。但对于经济政策是否有效作出判断的主体,除了政府部门之外,其实还应当包括政策的受众,因为正是依赖于他们对政策的反应才能达到政策实施的预期效果。

综上所述,经济政策的制定是一种单向度的供给模式,由于缺乏政策受体的参与机制,因而难以保证政策的正确性。所以,我们除了要关注经济政策的制定是否具有授权、供给程序是否合法之外,更要考量其内在的合理性以确保经济政策的正确性。

(二)入法阶段:如何保证政策性规范的法律性

正如前述,在“经济政策入法”阶段,政策性规范在法律中有不同的表现方式。虽然从总体上而言,这属于一种标准性的规则,也是法律规制的一种表达形式,但如何确保其法律性而不只是流于形式,也的确值得我们关注。有学者就认为,政策增长导致经济法中出现了“法律空洞化”。所谓“法律空洞化”是指立法风格简略、粗犷,法律的完整性、周延性、精确性和普适性不足,没有实质内容、可操作性差,从而导致法律的控制力不足,法律仅剩一个空壳甚至连外壳都没有的现象。① 显然,这样的规范形式已经难以确保其法律性了。所以,如何在标准性的规则表达形式下保证其法律性就是一个重要的问题。如果这个问题没有解决,那么政策入法的“合法性”就不会得到

---

① 参见邢会强:《政策增长与法律空洞化——以经济法为例的观察》,载《法制与社会发展》2012 年第 2 期。

认可。

总的来讲，目前问题可能在于以下三个方面：(1)授权不明确。授予某个政府部门制定或实施某种政策的权力，是经济法中政策规范较为常见的表达方式，但经济法中往往会出现，"国家制定政策……""国家通过××政策……""国家对……实施××政策"，这里的被授权主体——国家——太过抽象，不容易确定具体的主体，因此应在立法中明确。(2)政策的前缀表达太多。经济法的法律条文中，除"政策"一词被独立表述外，名词性质的、加有前缀的"政策"提法有29个之多。从法律的统一性与规范性角度分析，这29项表述中的政策"前缀"五花八门，其中相当多的前缀是可以提炼和合并的。所以，经济法中对"政策"的规范性表达技术并不成熟。① (3)不同政策之间缺少协调。在同一部法律里面，可能会出现货币政策、监管政策、竞争政策、税收政策、产业政策等不同的经济政策。例如，《商业银行法》第34条规定了产业政策，但对如何协调这些不同政策并没有规定，这就使得不同政策规范的效力可能发生冲突。

(三)实施阶段：如何保证政策实施的有效性

在"经济政策实施"阶段，最重要的就是通过经济政策的实施来达到法律调控经济生活的目标。从上述实证考察可知，政策性规范多数是通过授权来实施，也就是通过经济政策来实现的。例如，《中国人民银行法》第23条规定："中国人民银行为执行货币政策，可以运用下列货币政策工具。"这里有

---

① 这29项政策是，货币政策、产业政策、中小企业政策、税收政策、信贷政策、发展政策、利用外资政策、贷款贴息政策、节能技术政策、扶持政策、价格政策、财税政策、差别电价政策、收入支持政策、政府采购政策、电力产业政策、清洁生产政策、技术开发政策、技术推广政策、地区特殊政策、企业所得税专项优惠政策、煤炭产业政策、投资政策、进出口政策、税收优惠政策、技术经济政策、竞争政策、租赁政策、优惠政策。参见单飞跃、张玮：《经济法中的政策——基于法律文本的实证分析》，载《社会科学》2012年第4期。

几个问题值得探讨:(1)缺少程序机制。虽然法律规定了采取经济政策的方式来实现,但如果实施主体不采取行动又怎么办?事实上,现有的许多法律并没有规定具体的启动程序,也就是说并没有法律强制力来保障经济政策的实施。这是典型的重视实体、轻视程序的表现。(2)缺少互动机制。目前经济政策实施还是以单方面的行政强制手段为主,但政策实施是否能够达到预期的效果,还必须依赖于市场主体的反应。对此,有学者总结为:"过去,人们只是以为法律或者具体的经济法的实施,只是单方面的、国家的事情,而事实上,个人对策的重要作用已不可小视。尤其是个人的预期,以及采取的相应对策,都可能在很大程度上抵消国家法律调整的作用。"①因此,在政策实施中也必须注重政策受体的互动。以英国的原则性金融监管为例,由于采用原则性立法,监管政策往往需要监管者与被监管者进行双向对话以达成共识,而这正是我们目前所缺失的。(3)缺少评价机制。经济政策实施的目的是实现法律的调控,但政策实施的效果究竟怎样,尚缺乏评价的机制。换言之,对于经济政策实施后是否达到了预期效果,在法律上并没有相应的评价制度。例如,《中国人民银行法》和《中国人民银行货币政策委员会条例》对货币方针实施的评价过程和评价结论等缺乏具体要求,对于货币方针的决策依据、货币方针与货币手段的实施结果与预期是否有偏离及偏离原因公众无从知晓,影响了社会对货币方针的预期和共识。② 国外已经有专门性的政策评估机构来开展此项工作。③ (4)缺少监督机制。对于经济政策可能带来的不利,是否可以通过诉讼的方式来追究实施者的责任尚存争议,这就需要在政

① 张守文:《经济法理论的重构》,人民出版社2004年版,第159页。

② 参见徐澜波:《我国宏观调控程序规范的法律属性》,载《法学》2017年第11期。

③ 例如,在日本,总务厅行政监察局从2001年正式更名为日本政策评估局,它的职能也从初期对公务员廉政的监管逐步转变到政策实施效果的评估上。在韩国,不仅有专门的政策评估委员会,而且在政府内部还设立了专门的政策分析与评估局,直接隶属于国务总理的政策协调办公室,对政府决策和执行都产生了积极影响。参见李长文:《我国公共政策评估:现状、障碍与对策》,载《兰州大学学报》(社会科学版)2009年第4期。

策实施的过程中强化监督机制来保障实施的有效性。包括建立信息公开、人大质询以及社会监督等制度来保障问责。

四、经济解释思维的限度

(一)价值选择:价值多元化的考量

对于经济解释,由于其理论基础来源于经济分析法学,所以可能遭到一些批评和质疑。有些法学家就指出:经济分析法学的效益分析“照搬”或“偷运”了功利主义,只讲“功利”“效益”,不讲“公平”,是一种非道德的分析方法。对此,经济分析法学回应为:虽然经济分析法学与功利主义有密切联系,然而适当地应用经济学来澄清价值冲突和说明如何以有效率的方式达到既定的社会目的,应不涉及功利主义在哲学上的功过。而就公平而言,效率与公平概念经常是一致的,只有在效率提高的前提下才能实现更高层次的公平。① 我们暂且悬置争议。但有一个明显的事实,那就是以效率为目标的经济解释的确容易忽视公平。我们以前面分析的“加多宝诉王老吉案”为例,法官以社会效率最大化原则判定“怕上火喝王老吉”这句广告语归王老吉公司,应当说是一种最优的选择。但我们不能忽视的是,该广告是由加多宝公司创造的,并且通过持续、频繁、多种方式的宣传,才使这句广告语具有了巨大的经济价值,所以从公平的角度是否应该给予创造价值的一方一些补偿呢?此外,就算是将“怕上火喝王老吉”这句广告词判定给王老吉公司,王老吉公司使用此广告词至少有两个方面涉嫌违反商业道德:②一是没有尽到合理的避让义务。所谓避让义务是指对于其他人创造的知识,我们应当有足够

① 参见张文显:《二十世纪西方法哲学思潮研究》,法律出版社2006年版,第198~200页。更详细的分析参见林立:《波斯纳与法律经济学分析》,上海三联书店2005年版,第151~187页。

② 段云蕾、谢晓尧:《广告语:短句中的法律复杂性》,载《知识产权》2012年第12期。

的认同和尊重,并约束和克制自己、避免与他人的正当利益发生冲突。事实上,王老吉公司作为加多宝公司同行业的竞争对手,非常清楚该特殊广告语的竞争地位和资产价值,因此负有审慎使用、合理避让、避免发生混淆的更大避让义务。二是不当获取商业机会,《反不正当竞争法》所保护的竞争是一种公平的竞争,如果通过不正当的方式攫取商业机会,就是一种有违商业道德的不当获取商业机会的行为。在本案中,王老吉公司使用与原告相似的"怕上火就喝王老吉"广告语,会激发消费者不切实际的联想,属于不正当地利用了加多宝公司广告语在消费者心中的印象价值,其结果是将消费者导向王老吉公司生产的产品。因此,王老吉公司不正当拉拢顾客、攫取交易机会的意图非常明显,有违诚实信用的商业伦理。然而,法官在用经济解释判定特殊广告语归王老吉公司后,却忽略了进一步的伦理性价值分析。所以,经济解释思维必须注意多元价值的限度。

(二)方法运用:尊重基本法律解释

就案件审理中的法律解释而言,由于法律的表达形式是语言,因此法律解释深受语言哲学的影响。对于法律解释的语言哲学理解,在萨维尼的法律解释理论当中就初见端倪,到拉伦茨之时,对语言哲学尤其是解释学循环的运用已经相当成熟了。拉伦茨构建了以解释学循环为基础的文义解释、体系解释、法意解释、目的解释、合宪性解释体系。① 后来的学者对法律解释的研究基本上均立足于这一框架,仅在此基础上增加了比较解释和社会学解释。所以多数学者认为,这几种解释方法当中,文义解释优先;当文义解释有复数结果之时,才适用其他的解释方法。正所谓:法律解释应当"始于文义,终于

---

① 参见[德]卡尔·拉伦茨:《法学方法论》,陈爱娥译,商务印书馆2005年版,第200~203页。

文义”。[①] 这实际上也为经济解释提供了一个基本的原则，因为如果通过文义解释能够厘清争议，当然无须使用其他的解释方法。所以，运用经济解释时，我们也应当关照和尊重其他解释方法，或者说要整体性地思考，强调不同解释方法之间的融贯运作，[②]否则就会出现争议。比如我们前面分析的“锐邦诉强生案”，有学者就认为在案件审理中应当采用体系解释，[③]因为从法律规定的体例来看，《反垄断法》第 13 条是对横向垄断协议的禁止，第 14 条是对纵向垄断协议的禁止，而第 15 条则是对上述两条的例外豁免规定，[④]因此对纵向垄断协议的认定要采用“原则禁止、例外豁免”的理念，而不需要再对“排除、限制竞争”进行经济解释。当然，这种观点是否恰当仍有待讨论，但

---

① [德]魏德士：《法理学》，丁小春、吴越译，法律出版社 2003 年版，第 328 页。

② 作为现代实践哲学的内容，融贯性是当前法学研究的前沿问题之一，也是法律解释过程中的核心内容。在苏珊·哈克、哈贝马斯、拉兹、哈特甚至德沃金、麦考密克和佩岑尼克等多数西方著名法学家的研究成果中，也都涉及对融贯理论的探讨。其中，解释的融贯性最为方法论研究者所熟知，也同时构成德沃金法律哲学的核心范式。一般认为，该论是在追求“整体法”的理想之下，以“建构性解释”作为法官解释法律的基本方法，进而使得整个法律体系呈现出原则的一致性。参见宋保振：《法律解释方法的融贯运作及其规则——以最高院“指导案例 32 号”为切入点》，载《法律科学》2016 年第 3 期。

③ 王健：《垄断协议认定与排除、限制竞争的关系研究》，载《法学》2014 年第 3 期；李剑：《横向垄断协议法律适用的误读与澄清——评“深圳有害生物防治协会垄断案”》，载《法学》2014 年第 3 期；具体分析参见本书第五章“经济解释思维的案件剖析”。

④ 《反垄断法》第 13 条规定：禁止具有竞争关系的经营者达成下列垄断协议：(1)固定或者变更商品价格；(2)限制商品的生产数量或者销售数量；(3)分割销售市场或者原材料采购市场；(4)限制购买新技术、新设备或者限制开发新技术、新产品；(5)联合抵制交易；(6)国务院反垄断执法机构认定的其他垄断协议。本法所称垄断协议，是指排除、限制竞争的协议、决定或者其他协同行为。第 14 条规定：禁止经营者与交易相对人达成下列垄断协议：(1)固定向第三人转售商品的价格；(2)限定向第三人转售商品的最低价格；(3)国务院反垄断执法机构认定的其他垄断协议。第 15 条规定：经营者能够证明所达成的协议属于下列情形之一的，不适用本法第 13 条、第 14 条的规定：(1)为改进技术、研究开发新产品的；(2)为提高产品质量、降低成本、增进效率，统一产品规格、标准或者实行专业化分工的；(3)为提高中小经营者经营效率，增强中小经营者竞争力的；(4)为实现节约能源、保护环境、救灾救助等社会公共利益的；(5)因经济不景气，为缓解销售量严重下降或者生产明显过剩的；(6)为保障对外贸易和对外经济合作中的正当利益的；(7)法律和国务院规定的其他情形。属于前款第 1 项至第 5 项情形，不适用本法第 13 条、第 14 条规定的，经营者还应当证明所达成的协议不会严重限制相关市场的竞争，并且能够使消费者分享由此产生的利益。

这说明经济解释不可能是孤立的,而应当同时关照其他的解释方法。

(三)解释主体:法官能力的局限性

由于司法活动具有独特的知识性和技术性,这就要求法官必须具备独特的能力。这种独特性主要表现在两个方面:[①]一是法官应具备专门的法律知识与相应的实践经验,也就是说司法活动是法官凭借专业知识与实践经验进行的;二是思考论证方式独特,昂格尔曾在《现代社会中的法律》一书中指出,方法论的自治性是其所谓的"法律秩序"之重要特征,它意指司法方式具有一种区别于科学解释以及伦理、政治、经济论证的方法或风格。[②] 一般认为,主要表现为大陆法系的三段式推理和英美法系的类比推理。所以,法官的职业要求是掌握法内知识以及所谓法律独特的思维方式,很明显,这种要求中是不含经济学知识的。事实上,通常只有位阶很高的法官才会被要求具备其他领域的知识,例如,美国联邦最高法院法官弗兰克福特认为,一位最高法院的法官应当同时又是一位哲学家、历史学家和预言家。[③] 而如果讲到经济学知识,波斯纳当然具备这样的能力,但大多数法官则不具备这样的能力。所以,我们在前面提到的,在 20 世纪 80 年代,美国里根政府为了配合实施"放松管制"的政策,将一半以上的联邦法官送到美国自由主义经济思想的大本营——芝加哥大学和佛罗里达大学接受经济学的培训,显然是认识到了这个问题。除此之外,经济学理论自身的复杂性也带来使用上的困难,以经

---

① 左卫民、周长军:《变迁与改革:法院制度现代化研究》,法律出版社 2000 年版,第 107~108 页。

② [美]R. M. 昂格尔:《现代社会中的法律》,吴玉章、周汉华译,中国政法大学出版社 1994 年版,第 47 页。

③ 他还指出,鉴于最高法院之工作要求敏锐的感觉和超乎一般的判断力,在最高法院法官堪称最伟大者,当是休斯与卡多佐,因为他们是思想家,而且尤其是法律哲学家。参见亨利·J. 亚伯拉罕:《法官与总统——一部任命最高法院法官的政治史》,刘泰星译,商务印书馆 1990 年版,第 42 页。

济分析法学非常重视的科斯定理为例,如何理解和运用这一定理,在经济学界内就存在很大争议,[①]所以也因此增加了法官进行经济解释的难度,这也是经济解释思维运用的局限性所在。

五、规制规则思维的限度

"规制规则"思维的核心在于事前控制,主要通过对权利或权益设定限制或约束来达到预期目的,具体方式包括限制土地的私人用途、限制特定市场交易的形式与内容、限制经营者的市场竞争行为方式、限制商品的交易价格、限制市场的准入资格等,不一而足。这种思维方法的实质在于:国家或政府权力基于社会利益的考量而对市场直接介入,因而在设定介入的限度时必须足够慎重。此种规则的运行依赖于一定的前提,而这也显示了其自身的局限性所在,具体表现有三:

(一)立法环节:规则制定不易达到预期

在立法环节,"规制规则"的制定可能因信息不对称、信息处理能力不足、价值立场偏差等因素而导致内容缺乏科学性,以致不能正确地指导市场主体的行为,可能出现所谓的过度干预、干预不当、干预不作为等具体现象。

---

① 科斯的原话是:"最终的结果(其最大化产值)与法律的情况无关,如果定价体系的运作被假设为是不需成本的话。"See Ronald H. Coase, "The Problem of Social Cost", *The Journal of Law & Economics* 3, 1960, p. 8. 有学者认为其精神内涵为:在协商没有成本的情况下,不论法律将权利归属给哪一方,双方协商的结果都可以使社会资源配置达到"有效率"(最适)的结果。参见林立:《波斯纳与法律经济学分析》,上海三联书店 2005 年版,第 138 页。然而针对其理解和运用,在经济学中还存在不同观点,详见[美]斯蒂文·G. 米德玛编:《科斯经济学:法与经济学和新制度经济学》,罗君丽、李井奎、茹玉骢译,上海三联书店 2007 年版,第 62 页、第 93 页、第 102 页、第 230 页。

这是因为政府也具有哈耶克所谓的有限理性，[①]而经济法所调整的社会生活又极其复杂，因此不可能完全洞察并精确计算社会发展的各种变数。[②] 这就给规制规则的制定造成较大的难度。比如2016年公开征求意见的《反不正当竞争法》（修订草案送审稿），[③]其中第6条规定：经营者不得利用相对优势地位，实施下列不公平交易行为。学者们对于这一条是否恰当的争议就非常之大，反映出规制规则设计的难度。进一步分析，作为直接指导市场主体行为的行为规则，“规制规则”的功能和效用发挥是即时的，其所追求的是事前的行为安排或秩序导向，如果规则的设定有悖于市场运行的基本规律，则会面临得不到贯彻实施的结局。这不仅是制度资源的浪费，也将导致市场的失序与混乱，这就是“规制规则”在制定环节的局限性，所以制定规定时必须谨慎。

（二）执法环节：规则实施弹性大要求高

在规则的执行环节，由于“规制规则”的规范较多是以标准性规范来表达的，具有一定的原则性，所以规则的执行可能具有一定的弹性，这就对执行环节提出了非常高的要求。例如，《反垄断法》第8条规定：行政机关和法律、法规授权的具有管理公共事务职能的组织不得滥用行政权力，排除、限制竞争。而法律对于什么是“滥用”并没有制定明确标准，因此需要执行人进行自主判断，所以自由裁量权的合理运用与执法人员的良好素质是规则正确执

---

① 有限理性包含两层含义：“一方面，个人理性在理解它自身运作的能力方面有着一种逻辑上的局限，这是因为它永远无法离开它自身而检视它自身的运作；另一方面，个人理性在认识社会生活的作用方面也存在极大的限度，这是因为个人理性乃是一种植根于由行为规则构成的社会结构之中的系统，所以它无法脱离生成和发展它的传统和社会而达到这样一种地位。”参见［英］哈耶克：《自由秩序原理》，邓正来译，三联书店1997年版，第151页。

② 李昌麒、鲁篱：《中国经济法现代化的若干思考》，载《法学研究》1999年第3期。

③ 国务院法制办公室2016年2月25日发布：关于公布《中华人民共和国反不正当竞争法》（修订草案送审稿）公开征求意见的通知。

行的必要前提，但就我国目前情况而言，各项执法能力离法治中国建设的预期尚有可提高空间，比如，存在的运动式执法、选择性执法、执法不作为、执法寻租、粗暴执法、参与式执法不足等不严格执法现象，其结果将演变成因国家或政府的权力介入而引致市场不公平、不自由竞争的秩序，从而可能造成政府公信力降低、法律权威减损、市场秩序破坏等实质性影响。

（三）救济环节：权益救济难以很好保障

在权益救济环节，在"规制规则"的实施有失公平或执法不公正时，其导致的损失难以计算、不可恢复等使权益救济成为一项关键难题。因为正是救济这一环节得不到很好的保障，才造成前两个环节的任意性更强。以广告规制为例，当经营者发布的某一则广告可能涉嫌不正当竞争时，市场监督管理部门会责令其停止发布，但事后通过复议、司法裁判或其他形式证明其广告行为合理合法，其所遭受的损失是难以弥补的，如何救济是难以处理的。因为广告在一定程度上可能是某个产品开拓市场的重要手段，发布广告的时机尤为关键，特别是在互联网时代的背景之下。相反，如果未能及时制止广告违法行为，造成其他经营者的损失也同样遵循此理，但往往并不归罪于"规制规则"的实施者，王老吉与加多宝的广告宣传纠纷即是最为典型的例证。所以规制规则的救济措施难以很好运行也是其局限性之一。

小　　结

综上所述，我们对经济法思维的五个主要方法的限度进行了分析。就国家干预思维而言，理论上学界一直对国家干预保持警惕，认为干预必须是尊重市场机制的干预，这种干预应当是"适度""谨慎""谦抑"的，从而要注意其限度；从实践来看，国家干预还应当随社会变化而不断调适，从而保持干预与自治的平衡。就社会实施思维而言，它的三种实施模式都有自己的限度。行业自治的限度在于要防止团体利益损害社会利益；公益诉讼则要在制度设计上控制恶意诉讼，避免司法服务出现“拥堵”。此外，诉讼资格、司法成本、法官造法等因素也对其有不同限制；而集体行动则可能由于“集体行动的困境”而无法开展，因此必须遵循“集体行动的逻辑”，同时在行动时还必须合法。就经济政策思维而言，在经济政策先行阶段，经济政策的制定是一种单向度的供给模式，由于缺乏政策受体的参与机制，因而难以保证其政策的正确性；在经济政策入法阶段，由于政策性规范主要是标准性规则，因此需避免出现“法律的空洞化”；在经济政策实施阶段，尚缺少相应的程序机制、互动机制、评价机制和责任机制。就经济解释思维而言，需要注意价值的多元化，不能只追求效率而忽视公平正义，在解释过程中，要注意与其他解释方法关系的协调，如文义解释、体系解释、法意解释、目的解释、合宪性解释等，要尊重基本的法律解释方法；另外，作为解释主体的法官，其自身往往缺乏经济学知识，这也是此种思维方法存在的局限性之一。就规制规则思维而言，在立法环节，基于立法者的有限理性，规则的制定不一定科学合理；在执法环节，基于规则的表现形态，执法具有一定弹性，因此对执法要求非常高；在救济环节，基于损害的不可回溯性，因此权益的救济往往难以保证。以上是对各种经济法思维方法的限度进行的梳理和归纳，这有助于我们更加理性地认知经济法思维，进而帮助我们在实践中更好地对其运用。

结　语

根据学者维纳克的认识,思维是主体在先习得知识与反应结果之间的沉思过程,所以研究经济法思维实践运用的意义,不仅在于考察经济法主体是怎样运用经济法思维方法来解决实践中的问题的,同时也希望通过分析这一过程再度深刻认识经济法本身。

本书对经济法思维的认识没有拘泥于传统认识,即将其限定在案件审理过程中的推理过程,而是结合经济法自身的特性,赋予其更宽广的适用领域。正如维特根斯坦所指出的:“一个词没有一种独立于我们的力量所赋予它的意义,从而可以对一个词真正意指的东西进行一种科学的研究。一个词只有某人已经赋予它的意义。”①对此,福柯表达了类似的观点,他认为“不应该把话语推回到起源的遥远出场;

① 张汝伦:《现代西方哲学十五讲》,北京大学出版社2003年版,第160页。

而是应该在审定它的游戏中探讨它”。[①] 所以,本书认为经济法思维是主体带着“经济法的思考”去解决生活世界中问题时的方法,它适用于立法领域、执法领域、司法领域等,或者说经济法所运用的所有社会生活领域。当然,我们不可能在本书中对经济法思维的全部运用领域进行考察,所以笔者在综合考量的基础上,选择了五个基本的经济法思维方法,分别对其实践运用进行考察。包括国家干预思维在立法中的运用,社会实施思维在执法中的运行,经济政策思维在实施中的应用,经济解释思维在司法中的使用,以及规制规则思维在“网络团购”这一特殊的新经济形态中的实现,从而较全面地分析了经济法思维的实践运用。当然,笔者也关注到经济法思维存在限度,因此对每一种思维方法的限度都进行了揭示,力求理性地认知经济法思维的实践运用。

本书的基本结论是,经济法思维具有独特的品性,是主体带着“经济法的思考”去解决生活世界中问题时的方法。它的确在实践中存在并发挥了重要作用,对于经济法的立法、执法、司法都有重要的功能;对于网络带来的经济生活的变化,经济法思维也是更优的法律治理选择,因此对于促进经济法治的建设具有重用的作用。但我们在实践运用中也要注意其局限性,从而在更大程度上发挥其功用。[②]

---

① [法]米歇尔·福柯:《知识考古学》,谢强、马月译,生活·读书·新知三联书店2003年版,第25~26页。

② 如果我们开放思维,就会发现,要使经济法思维在实践中更有效地运作,可能一些外在的条件也非常重要。例如,经济法主体的法律信仰的培养,因为法律信仰是促进“客观法”转化为“主观法”、“文本法”转化为“生活法”的桥梁和纽带,是推进法律贯彻实施的精神基础和内在动力。参见冯彦君:《关于“法律信仰”的遐思与追问》,载《东北师大学报》(哲学社会科学版)2015年第5期。

主要参考文献

一、书　著　类

（一）国内相关著述

1. 李昌麒：《经济法——国家干预经济的基本法律形式》，四川人民出版社1995年版。

2. 范春莹：《法律思维研究》，法律出版社2012年版。

3. 林喆：《法律思维学导论》，山东人民出版社2000年版。

4. 刘宁元主编：《中外反垄断法实施体制研究》，北京大学出版社2005年版。

5. 徐子良：《"民商事"审判中经济法思维之运用》，法律出版社2012年版。

6. 张守文：《经济法理论的重构》，人民出版社2004年版。

7. 邓正来：《市民社会理论的研究》，中国政法大学出版社2002年版。

8. 邓正来:《国家与社会》,北京大学出版社 2008 年版。

9. 鲁篱:《行业协会经济自治权研究》,法律出版社 2003 年版。

10. 吕忠梅、陈虹、彭晓辉:《规范政府之法:政府经济行为的法律规制》,法律出版社 2001 年版。

11. 周林军:《经济规律与法律规则》,法律出版社 2009 年版。

12. 种明钊:《国家干预法治化研究》,法律出版社 2009 年版。

13. 李昌麒:《寻求经济法真谛之路》,法律出版社 2003 年版。

14. 李昌麒:《李昌麒法治论说拾遗》,法律出版社 2012 年版。

15. 王新红:《经济法的时代精神》,华龄出版社 2006 年版。

16. 沈宗灵:《现代西方法理学》,北京大学出版社 1992 年版。

17. 张静:《法团主义》,中国社会科学出版社 2005 年版。

18. 郭道晖:《社会权力与公民社会》,凤凰传媒集团、译林出版社 2009 年版。

19. 王全兴:《经济法基础理论专题研究》,中国检察出版社 2002 年版。

20. 陈婉玲:《经济法原理》,北京大学出版社 2011 年版。

21. 颜运秋:《公益经济诉讼:经济法诉讼体系的构建》,法律出版社 2008 年版。

22. 王新红:《经济法纠纷司法解决机制研究》,中国法制出版社 2006 年版。

23. 杨紫烜:《国家协调论》,北京大学出版社 2009 年版。

24. 陈庆云:《公共政策分析》,中国经济出版社 1996 年版。

25. 陈振明:《政策科学——公共政策分析导论》,人民出版社 2003 年版。

26. 朱崇实、卢炯星主编:《中国经济法学(部门法)五年研究综述》,厦门大学出版社 2014 年版。

27. 叶明:《经济法实质化研究》,法律出版社 2005 年版。

28. 黄茂钦:《经济法现代性研究》,法律出版社 2006 年版。

29. 应飞虎:《信息失灵的制度克服研究》,法律出版社 2004 年版。

30. 梁慧星:《民法解释学》,中国政法大学出版社 1995 年版。

31. 张维迎:《信息、信任与法律》,生活 · 读书 · 新知三联书店 2006 年版。

32. 张汝伦:《现代西方哲学十五讲》,北京大学出版社 2003 年版。

33. 王为农:《经济法学研究——法理与实践》,中国方正出版社 2005 年版。

34. 张文显:《法哲学范畴研究》(修订版),中国政法大学出版社 2001 年版。

35. 单飞跃:《经济法理念与范畴的解析》,中国检察出版社 2002 年版。

36. 张维迎:《市场的逻辑》,上海人民出版社 2012 年版。

37. 张维迎:《博弈论与信息经济学》,上海人民出版社 2004 年版。

38. 刘水林:《反垄断法的观念基础和解释方法》,法律出版社 2011 年版。

39. 徐显明:《公民权利和义务通论》,群众出版社 1991 年版。

40. 张文显:《二十世纪西方法哲学思潮研究》,法律出版社 2006 年版。

41. 林立:《波斯纳与法律经济学分析》,上海三联书店 2005 年版。

42. 左卫民、周长军:《变迁与改革:法院制度现代化研究》,法律出版社 2000 年版。

43. 应飞虎:《信息、权利与交易安全——消费者保护研究》,北京大学出版社 2008 年版。

44. 张守文:《经济法原理》,北京大学出版社 2013 年版。

45. 薛克鹏:《经济法基本范畴研究》,北京大学出版社 2013 年版。

46. 甘强:《经济法利益理论研究》,法律出版社 2009 年版。

47. 孙伟平:《信息时代的社会历史观》,凤凰出版集团、江苏人民出版社

2010 年版。

48. 彭飞荣:《中国经济法学——一种知识系统论的研究视角》,法律出版社 2018 年版。

49. 朱崇实主编:《经济法理论与实务热点问题探讨——2001 年全国经济法学理论研讨会论文选》,厦门大学出版社 2002 年版。

50. 邢会强:《走向规制的经济法原理》,法律出版社 2015 年版。

51. 张守文:《分配危机与经济法规制》,北京大学出版社 2015 年版。

52. 张守文:《当代中国经济法理论的新视域》,中国人民大学出版社 2018 年版。

53. 卢代富:《企业社会责任研究——基于经济学和法学的视野》,法律出版社 2014 年版。

54. 岳彩申:《论经济法的形式理性》,法律出版社 2004 年版。

55. 冯辉:《论经济国家——以经济法学为语境的研究》,中国政法大学出版社 2011 年版。

56. 李昌麒:《经济法理念研究》,法律出版社 2009 年版。

57. 徐孟洲:《耦合经济法论》,中国人民大学出版社 2010 年版。

58. 罗豪才、毕洪海编:《软法的挑战》,商务印书馆 2011 年版。

59. 盛学军等:《新时期金融法变革中的消费者保护研究》,法律出版社 2019 年版。

60. 胡光志:《人性经济法论》,法律出版社 2010 年版。

(二)国外相关著述

1. [德]卡尔·恩吉施:《法律思维导论》,郑永流译,法律出版社 2014 年版。

2. [德]黑格尔:《法哲学原理》,范扬、张企泰译,商务印书馆 1961 年版。

3. [法]孔德:《论实证精神》,黄建华译,商务印书馆 1996 年版。

4. [奥]欧根·埃利希:《法社会学原理》,舒国滢译,中国大百科全书出版社 2009 年版。

5. [德]马克斯·韦伯:《经济与社会》(第 2 卷上册),阎克文译,上海世纪出版集团 2010 年版。

6. [德]马克斯·韦伯:《经济与社会》(第 2 卷下册),阎克文译,上海世纪出版集团 2010 年版。

7. [英]卡尔·波兰尼:《巨变:当代政治与经济的起源》,黄树民译,社会科学文献出版社 2013 年版。

8. [英]亚当·斯密:《国富论》,陈星译,陕西师范大学出版社 2007 年版。

9. [法]热拉尔·卡:《消费者权益保护》,姜依群译,商务印书馆 1997 年版。

10. [美]曼瑟尔·奥尔森:《集体行动的逻辑》,陈郁等译,上海人民出版社 1995 年版。

11. [美]罗斯科·庞德:《通过法律的社会控制》,沈宗灵译,商务印书馆 1984 年版。

12. [德]拉德布鲁赫:《法学导论》,米健等译,中国大百科全书出版社 1997 年版。

13. [美]斯坦利·L. 布鲁、兰迪·R. 格兰特:《经济思想史》,邸晓燕等译,北京大学出版社 2014 年版。

14. [德]乌尔里希·贝克:《风险社会》,何博闻译,译林出版社 2004 年版。

15. [美]E. 博登海默:《法理学——法律哲学与法律方法》,邓正来译,中国政法大学出版社 1999 年版。

16. [德]阿尔图·考夫曼、温弗里德·哈斯默尔:《当代法哲学和法律理论导论》,郑永流译,法律出版社2004年版。

17. [美]凯斯·R. 桑斯坦主编:《行为法律经济学》,涂永前、成凡、康娜译,北京大学出版社2006年版。

18. [美]理查德·波斯纳:《法律的经济分析》(第7版),蒋兆康译,法律出版社2012年版。

19. [美]约瑟夫·E. 斯蒂格利茨、卡尔·E. 沃尔什:《经济学》(第4版),黄险峰、张帆译,中国人民大学出版社2010年版。

20. [美]P. 诺内特、P. 塞尔兹尼克:《转变中的法律与社会:迈向回应型法》(修订版),张志铭译,中国政法大学出版社2004年版。

21. [英]哈耶克:《法律、立法与自由》(第2卷、第3卷),邓正来、张守东、李静冰译,中国大百科全书出版社2000年版。

22. [美]理查德·A. 波斯纳:《联邦法院:挑战与改革》,邓海平译,中国政法大学出版社2002年版。

23. [美]理查德·B. 斯图尔特:《美国行政法的重构》,沈岿译,商务印书馆2002年版。

24. [德]卡尔·拉伦茨:《法学方法论》,陈爱娥译,商务印书馆2005年版。

25. [美]R. M. 昂格尔:《现代社会中的法律》,吴玉章、周汉华译,中国政法大学出版社1994年版。

26. [美]亨利·J. 亚伯拉罕:《法官与总统——一部任命最高法院法官的政治史》,刘泰星译,商务印书馆1990年版。

27. [美]斯蒂文·G. 米德玛编:《科斯经济学:法与经济学和新制度经济学》,罗君丽、李井奎、茹玉骢译,上海三联书店2007年版。

28. [英]哈耶克:《自由秩序原理》,邓正来译,三联书店1997年版。

29. [法]米歇尔·福柯:《知识考古学》,谢强、马月译,三联书店 2003 年版。

30. [德]魏德士:《法理学》,丁小春、吴越译,法律出版社 2003 年版。

31. [美]柯提斯·J. 米尔霍普、[德]卡塔琳娜·皮斯托:《法律与资本主义:全球公司危机揭示的法律制度与经济发展的关系》,罗培新译,北京大学出版社 2010 年版。

32. [德]弗里茨·里特纳、迈因哈德·德雷埃尔:《欧洲与德国经济法》,张学哲译,法律出版社 2016 年版。

33. [德]菲利普·黑克:《利益法学》,傅广宇译,商务印书馆 2016 年版。

34. [美]保罗·卡恩:《法律的文化研究——重构法学》,康向宇译,中国政法大学出版社 2018 年版。

35. [德]卢曼:《社会的法律》,郑伊倩译,人民出版社 2009 年版。

36. [美]罗纳德·德沃金:《原则问题》,张国清译,江苏人民出版社 2005 年版。

37. [英]亨利·萨姆纳·梅因:《古代法》,郭亮译,法律出版社 2016 年版。

38. Kenneth J. Vandevelde, *Thinking Like a Lawyer: An Introduction to Legal Reasoning*, Westview, 1996.

39. Frederick Schauer, *Thinking Like A Lawyer: A New Introduction To Legal Reasoning*, Harvard University Press, 2009.

40. K. N. Llewellyn, *The Bramble Bush: On Our Law and Its Study*, Oceana Publications, 1960.

41. John Stuart Mill, *Utilitarianism, Liberty, and Representive Government*, New York/London, 1951.

42. David D. Friedman, *Law's Order*, Princeton, 2000.

43. Charles Fried, *Saying What the Law Is: The Constitution in the Supreme Court*, Cambridge: Harvard University Press, 2004.

44. David N. Hyman, *Public Finance: A Contemporary Application of Theory to Policy*, 10Edition, South-Western Cengage Learning, 2010.

45. A. Downs, *An Economic Theory of Democracy*, New York: Harper & Row, 1957.

二、论　文　类

1. 冯彦君、汤闵淼:《社会法领域适用公益诉讼之证成》,载《社会科学战线》2016 年第 7 期。

2. 冯彦君:《关于“法律信仰”的遐思与追问》,载《东北师大学报》(哲学社会科学版)2015 年第 5 期。

3. 谌洪果:《法律思维:一种思维方式上的检讨》,载《法律科学》2003 年第 2 期。

4. 苏力:《法律人思维?》,载《北大法律评论》2013 年第 2 期。

5. 郑成良:《论法治理念与法律思维》,载《吉林大学社会科学学报》2000 年第 4 期。

6. 陈金钊:《法律思维及其对法治的意义》,载《法商研究》2003 年第 6 期。

7. 孙笑侠:《法律人思维的二元论》,载《中外法学》2013 年第 6 期。

8. 吴越:《经济法思维的宪法指向——兼论经济法学的历史命运》,载《法学论坛》2013 年第 3 期。

9. 颜运秋:《经济诉讼理论的经济法思维》,载《山东警察学院学报》2006 年第 4 期。

10. 许明月:《担保法律制度中的民法与经济法——简论经济法理论研究的视野》,载朱崇实主编:《经济法理论与实务热点问题探讨——2001 年全国经济法学理论研讨会论文选》,厦门大学出版社 2002 年版。

11. 李胜蓝:《解决"三农"问题的经济法思维——以完善农村公共产品供给机制为例》,载《兰州学刊》2006 年第 3 期。

12. 金励:《论户籍制度改革中的经济法思维——以重庆市的户籍制度改革为视角》,载李昌麒、岳彩申主编:《经济法论坛》,群众出版社 2013 年版。

13. 李晓郛:《司法审判呼唤经济法思维》,载《中国社会科学报》2015 年 12 月 2 日,第 5 版。

14. 张守文:《经济法的政策分析初探》,载《法商研究》2003 年第 5 期。

15. 单飞跃、张玮:《经济法中的政策——基于法律文本的实证分析》,载《社会科学》2012 年第 4 期。

16. 邓正来:《国家与市民社会——一种社会理论的研究路径》,载邓正来、J. C. 亚历山大编:《国家与市民社会》,中央编译出版社 2002 年版。

17. 何增科:《市民社会概念的历史演变》,载《中国社会科学》1994 年第 5 期。

18. 郑彧:《商法思维的逻辑基础》,载《学术月刊》2016 年第 6 期。

19. 杨松:《中国问题银行公共资金救助体系的法律构建——以金融危机中美国的救助行为为鉴》,载《法律科学》2010 年第 6 期。

20. 鲁篱:《风险社会对经济法理论的挑战》,载《现代法学》2019 年第 1 期。

21. 葛洪义:《试论法律论证的概念、意义与方法》,载《浙江社会科学》2004 年第 2 期。

22. 李昌麒:《论经济法语境中的国家干预》,载《重庆大学学报》(社会科学版)2008 年第 4 期。

23. 单飞跃:《“需要国家干预说”的法哲学分析》,载《现代法学》2005 年第 2 期。

24. 应飞虎:《需要干预经济关系论——一种经济法的认知模式》,载《中国法学》2001 年第 2 期。

25. 应飞虎:《为什么需要干预》,载《法律科学》2005 年第 2 期。

26. 刘水林:《论“规制行政法”的范式革命》,载《法律科学》2016 年第 3 期。

27. 刘水林:《经济法的观念基础与规则构成——对“需要国家干预论”的反思与拓展》,载《现代法学》2006 年第 1 期。

28. 陈云良:《谨慎干预——经济法的现代新理念》,载《法商研究》2001 年第 3 期。

29. 刘大洪、段宏磊:《从“国家干预”到“谦抑干预”——谦抑性理念下中国经济法学逻辑起点之重构》,载张守文主编:《经济法研究》(第 15 卷),北京大学出版社 2015 年版。

30. 邱本:《论国家干预及其法治化》,载《财经法学》2016 年第 4 期。

31. 李昌麒:《论马克思和恩格斯的经济法律思想及其现实意义》,载《现代法学》1991 年第 6 期。

32. 李昌麒、张波:《论经济法的国家干预观与市场调节观——对国家与市场分析范式的一种解读》,载《甘肃社会科学》2006 年第 4 期。

33. 张守文:《经济法责任理论之拓补》,载《中国法学》2003 年第 4 期。

34. 张守文:《经济法的政策分析初探》,载《法商研究》2003 年第 5 期。

35. 孟庆瑜:《经济法实施方式的变化》,载岳彩申、盛学军主编:《经济法论坛》(第 22 卷),法律出版社 2019 年版。

36. 邢会强:《中国经济法学研究的规则经济法转向》,载张守文主编:《经济法研究》(第 13 卷),北京大学出版社 2014 年版。

37. 黎江虹:《寻求经济法研究的真问题》,载陈云良主编:《经济法论丛》2018 年第 1 期,社会科学文献出版社 2018 年版。

38. 史际春:《法的政策化与政策法治化》,载陈云良主编:《经济法论丛》2018 年第 1 期,社会科学文献出版社 2018 年版。

39. 陶广峰:《经济法的经济政策法本质概观》,载《现代经济探讨》2012 年第 8 期。

40. 张莉莉:《我国经济法的演进模式——兼议经济法与经济政策的关系》,载《经济论坛》2005 年第 22 期。

41. 刘媛:《金融领域的原则性监管方式》,载《法学家》2010 年第 3 期。

42. 王美舒:《精细化时代下金融法立法进路之抉择——基于二维框架的展开》,载张守文主编:《经济法研究》(第 19 卷),北京大学出版社 2017 年版。

43. 秦国荣:《维权与控权:经济法的本质及功能定位》,载《中国法学》2006 年第 2 期。

44. 焦海涛:《消费者权益保护法的社会实施》,载《中国工商管理研究》2015 年第 3 期。

45. 赵红梅:《经济法的私人实施与社会实施》,载《中国法学》2014 年第 1 期。

46. 张曙光:《论制度均衡和制度变革》,载盛洪主编:《现代制度经济学》(下卷),北京大学出版社 2003 年版。

47. 徐靖:《论法律视域下社会公权力的内涵、构成及价值》,载《中国法学》2014 第 1 期。

48. 张守文:《论经济法的现代性》,载《中国法学》2000 年第 5 期。

49. 刘水林:《经济法是什么——经济法的法哲学反思》,载《政治与法律》2014 年第 8 期。

50. 鲁篱:《论行业协会自治与国家干预的互动》,载《西南民族大学学报》2006 年第 9 期。

51. 郑鹏程:《论经济法制定与实施的外部性与内部化》,载《中国法学》2003 年第 5 期。

52. 孟庆瑜:《中国经济法实施问题的理论检视与思考》,载《法学杂志》2010 年第 10 期。

53. 岳彩申、袁林:《经济法利益分配功能之解释》,载《社会科学研究》2002 年第 3 期。

54. 邢会强:《宏观调控行为的不可诉性再探》,载《法商研究》2012 年第 5 期。

55. 段芸蕾、谢晓尧:《广告语:短句中的法律复杂性》,载《知识产权》2012 年第 12 期。

56. 符颖:《纵向垄断协议的诉讼资格及证明责任》,载《交大法学》2013 年第 2 期。

57. 胡石清、乌家培:《外部性的本质与分类》,载《现代财经》2011 年第 10 期。

58. 丁文联:《限制最低转售价格行为的司法评价》,载《法律适用》2010 年第 7 期。

59. 钱大可:《浅议网络团购》,载《商业时代》2006 年第 2 期。

60. 吴元元:《信息能力与压力型立法》,载《中国社会科学》2010 年第 1 期。

61. 应飞虎:《知假买假行为适用惩罚性赔偿的思考——基于法经济学和法社会学的视角》,载《中国法学》2004 年第 6 期。

62. 张丽芳、张清辨:《网络经济与市场结构变迁——新经济条件下垄断与竞争关系的检验分析》,载《财经研究》2006 年第 5 期。

63. 高春芽:《集体行动的逻辑及其困境》,载《武汉理工大学学报》(社会科学版)2008 年第 1 期。

64. 刘大洪、段宏磊:《谦抑性视野中经济法理论体系的重构》,载《法商研究》2014 年第 6 期。

65. 李昌麒、许明月:《论消费者保护意识》,载《现代法学》1999 年第 2 期。

66. 马一德:《解构与重构:"消费者"概念再出发》,载《法学评论》2015 年第 6 期。

67. 杨立新、陶盈:《消费者权益保护中经营者责任的加重与适度》,载《清华法学》2011 年第 5 期。

68. 刘大洪、段宏磊:《消费者自主选择权与餐饮行业格式条款的规制逻辑》,载《财经理论与实践》2014 年第 5 期。

69. 单飞跃、甘强:《社会法基本范畴问题析辨》,载《北京市政法管理干部学院学报》2003 年第 4 期。

70. 叶明:《公益诉讼的局限及其发展的困难——对建立新型经济诉讼的几点思考》,载《现代法学》2003 年第 5 期。

71. 胡涤非、孙亚莉:《集体行动困境的产生与化解》,载《南昌大学学报》(人文社会科学版)2012 年第 3 期。

72. 宋保振:《法律解释方法的融贯运作及其规则——以最高院"指导案例 32 号"为切入点》,载《法律科学》2016 年第 3 期。

73. 焦宝乾:《国内法律论证研究综述》,载郑永流主编:《法哲学与法社会学论丛》,北京大学出版社 2006 年版。

74. 李昌麒、单飞跃、甘强:《经济法与社会法关系考辨》,载《现代法学》2003 年第 5 期。

75. 陈云良:《国家调节权:第四种权力形态》,载《现代法学》2007 年第

6期。

76. 郑彧:《商法思维的逻辑基础》,载《学术月刊》2016年第6期。

77. 梅夏英:《民法权利思维的局限与社会公共维度的解释展开》,载《法学家》2019年第2期。

78. 刘文华:《中国经济法“干预论”之批判》,载《首都师范大学学报》(社会科学版)2017年第6期。

79. 张占江:《不正当竞争行为认定范式的嬗变——从“保护竞争者”到“保护竞争”》,载《中外法学》2019年第1期。

80. 陈婉玲:《判断与甄别:经济法权利辨析——以市场主体权利为视角》,载《政法论坛》2017年第4期。

81. 单飞跃:《中国经济法学40年:理论周期与认知范式》,载《现代法学》2019年第1期。

82. 徐孟洲:《论政府和社会资本合作关系的经济法调整》,载《中国法律评论》2017年第1期。

83. 徐澜波:《我国宏观调控程序规范的法律属性》,载《法学》2017年第11期。

84. 张守文:《回望70年:经济法制度的沉浮变迁》,载《现代法学》2019年第4期。

85. 卢代富:《经济法中的国家干预解读》,载《现代法学》2019年第4期。

后　记

本书是在我博士后出站报告的基础上修改而成的。我一直致力于经济法基础理论的研究，攻读博士期间，在李昌麒教授的指导下，对经济法视阈中的利益理论进行了系统研究。在后续的研究中，我发现经济法之所以有不同的利益观，可能更深的原因在于经济法作为现代法具有独特的思维，于是我开始关注学界可能没有重视的经济法思维问题，从而萌发了将其作为博士后研究选题的想法，并得到了博士后合作导师冯彦君教授的支持。

必须首先感谢冯彦君教授，老师的研究横跨经济法与社会法领域，学养深厚，视野宽广，思想敏锐，能够跟随老师在中国法学"重镇"——吉林大学法学院治学，实在是学生的荣幸。从一进站开始，冯老师就要求我不能只从理论上进行探讨，而要注重考察经济法思维的实践运用、通过实证来认知经济法思维。这对于长期偏重理论研究的我，无疑具有重大的指导意义，使我开始自觉地运用实证的研究方法进行研究,并发表了几篇阶段性成果。在站期间,冯老师为了培养我们博士后,还让我们参加吉大法学院主办的“依法治国与经济法治新思维”全国高峰论坛,让我们有机会聆听吉大法学院诸位老师的教诲,并与来自全国各地的优秀学者进行交流。冯老师还曾安排我在吉大进行“吉大法学‘新锐’茶座”的讲座,对阶段性成果《经济法思维的构造》进行了学术汇报。就出站报告的写作而言,老师对于文章基本架构的设定、研究进路的选择和核心范畴的厘定都进行了细心指导。所以,对于恩师的用心栽培,学生感激不已并铭记在心。

必须感谢参与我博士后出站报告会的杨松教授、钱玉林教授、赵惊涛教授、吴真教授、冯彦君教授,各位专家在对我的博士后出站报告给予肯定的同时,也提出了许多宝贵的指导意见,让我受益匪浅。事实上,各位老师提出的完善建议也成为我本书的重要指导。

必须感谢吉大法学院经济法学科的各位老师,与你们的每一次接触和讨论都让我受益良多。特别感谢孟庆红老师对我进、出站时的帮助,你们让我真正了解了什么是吉大法律人。

必须感谢张守文教授、陈云良教授、许明月教授,三位老师都是经济法学界的重要学者,也是我非常敬仰的学者。对于我博士后的阶段性研究成果能发表在他们分别担任主编的《经济法研究》《经济法论丛》《现代法学》,我一直心存感激。还要特别感谢张守文教授对经济法思维研究的支持,他在其主编的《经济法研究》中专门撰文强调了经济法思维研究的重要性,并倡导学界展开共同的深入研究。对我而言,这无疑是一种莫大的鼓励。

必须感谢我的博士研究生导师李昌麒教授,先生一直关心我的发展,当得知我希望能到吉大法学院跟随冯老师作博士后时,先生非常支持。在本书出版之时,先生虽然已是高龄,但还是欣然作序,实在是让学生非常感动。还应当要感谢的是西南政法大学副校长岳彩申教授、经济法学院院长卢代富教授、经济法学学科带头人盛学军教授,没有他们的支持我不可能有机会作博士后。特别感谢岳彩申教授在经济法思维方面对我的启发;感谢卢代富教授同意将本书收录至“西南政法大学经济法学文库”;感谢盛学军教授为我申请博士后时所写的专家推荐信。还要感谢西南政法大学经济法学科的诸位老师,谢谢你们对我教学科研上的支持,我常常为能在这样一个优秀的团队中工作而感到骄傲。还要感谢单飞跃教授、刘水林教授、应飞虎教授、黄茂钦教授,各位师兄对我作博士后也都给予了鼓励和支持。当然,还要感谢胡光志教授、曾文革教授、张新民教授、周林军教授、薛克鹏教授、鲁篱教授、孟庆瑜教授、金福海教授、杨三正教授、江帆教授,谢谢各位老师一直以来的关心和帮助。

必须感谢法律出版社给我再一次出版专著的机会,特别感谢编辑陈妮女士的辛勤工作和鼎力支持。

最后,还必须要感谢我的家人,谢谢你们对我的宽容和关爱。10 年前,我在出版的《经济法利益理论研究》一书后记中特别感谢了我的妻子,并写到:在任何时候,你都是我前行的动力。而 10 年后再次出书,最大的变化就是,我们有了一个已满 8 岁的、可爱的儿子,所以这一次,我必须说:“在任何时候,你们都是我前行的动力。”

甘　强

2019 年 6 月 15 日初稿,2020 年 3 月 10 日定稿

图书在版编目(CIP)数据

经济法思维的实践运用 / 甘强著. -- 北京 : 法律出版社, 2020
(西南政法大学经济法学文库 / 卢代富主编)
ISBN 978 - 7 - 5197 - 3874 - 7

Ⅰ. ①经… Ⅱ. ①甘… Ⅲ. ①经济法 - 研究 Ⅳ. ①D912.290.4

中国版本图书馆 CIP 数据核字(2019)第 209806 号

经济法思维的实践运用
JINGJIFA SIWEI DE SHIJIAN YUNYONG

甘 强 著

策划编辑 陈 妮
责任编辑 陈 妮
装帧设计 李 瞻

出版 法律出版社
总发行 中国法律图书有限公司
经销 新华书店
印刷 北京虎彩文化传播有限公司
责任校对 杨锦华
责任印制 吕亚莉

编辑统筹 法治与经济出版分社
开本 710 毫米 × 1000 毫米 1/16
印张 12.5
字数 176 千
版本 2020 年 5 月第 1 版
印次 2020 年 5 月第 1 次印刷

法律出版社/北京市丰台区莲花池西里 7 号(100073)
网址/www. lawpress. com. cn
投稿邮箱/info@ lawpress. com. cn
举报维权邮箱/jbwq@ lawpress. com. cn
销售热线/400 - 660 - 8393
咨询电话/010 - 63939796

中国法律图书有限公司/北京市丰台区莲花池西里 7 号(100073)
全国各地中法图分、子公司销售电话:
统一销售客服/400 - 660 - 8393/6393
第一法律书店/010 - 83938432/8433 西安分公司/029 - 85330678 重庆分公司/023 - 67453036
上海分公司/021 - 62071639/1636 深圳分公司/0755 - 83072995

书号:ISBN 978 - 7 - 5197 - 3874 - 7 **定价:**63.00 元
(如有缺页或倒装,中国法律图书有限公司负责退换)